T0244859

SÍ, SEÑOR

FERMÍN IV

FUEGO, SONRISAS, REALIDAD Y DOLOR

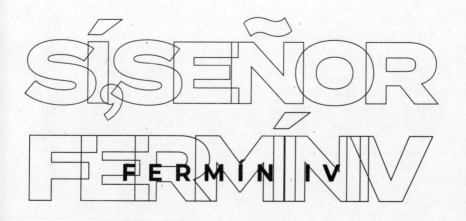

SÍ, SEÑOR

FERMÍN IV

FUEGO, SONRISAS, REALIDAD Y DOLOR

B&H
ESPAÑOL
BRENTWOOD, TENNESSEE

Sí, Señor: Fuego, sonrisas, realidad y dolor

B&H Publishing Group
Brentwood, TN 37027

Diseño de portada: B&H Español
Fotografía de la portada: Pepe Castillo Borja

Director editorial: Giancarlo Montemayor
Editor de proyectos: Joel Rosario
Coordinadora de proyectos: Cristina O'Shee

Clasificación Decimal Dewey: B

Clasifíquese: CABALLERO, FERMIN IV / RAP MÚSICOS / SALVACIÓN

ISBN: 978-1-0877-5893-0

Impreso en EE. UU.
1 2 3 4 5 * 26 25 24 23

*A los que han sido una voz de
Dios en mi vida.*

Índice

CAPÍTULO 1

Yo me encargo de que nunca salgas en TV

Y es que soy el rey
todos me respetan
me baño cuando quiera
y nadie se me acerca
GRAN JAMÓN, PRÓFUGA DEL METATE, 1994

I

La cámara de televisión estaba enfocándome y detrás de ella el conductor del programa me gritaba: «¡No lo digas, no lo vayas a decir!». Con sus manos, agitándolas, me insistía una vez más: «¡No se te ocurra decirlo, Fermín!».

Yo, la verdad, sabía muy bien a lo que se refería, pero me hacía el que no entendía.

Continué con la canción.

Era la primera vez que mi grupo y yo nos presentábamos en la televisión. Este programa en particular apoyaba a grupos de *rock* emergentes, y a nosotros nos invitaron. Pensaba dentro de mí:

1

Si me invitaron es porque escucharon mis canciones, ellos saben lo que dicen las canciones.

Mi grupo, Prófuga del Metate, se había caracterizado por incluir lenguaje no apto para la televisión abierta. Y aquí estaba yo, frente a la cámara, a punto de decirlo.

> *Ahí viene ya mi amo*
> *Viene con un cuchillo*
> *Presiento algo malo*
> *Me va hacer picadillo*

En realidad, ellos pensaban que era otra canción, pero podía ver a la asistente de producción caminando por todos lados, acercándose al conductor y hablándole al oído. Era evidente que se comunicaban por radio con el productor del programa. Todos estaban preocupados por lo que podía decir y, de repente, le dijeron cuál era la frase que yo diría.

Los ojos casi se le salen. Me miró y juntando las manos frente a él me rogaba diciendo: «No lo digas».

Yo seguía tocando mi guitarra y, acercándome al micrófono, continué hasta el final.

> *Yo corro por aquí*
> *Yo corro por allá*
> *El hijo de su...*

Se agarró la cabeza con las dos manos, se arrancó la gorra. Su rostro reflejaba incredulidad. El bloque era de dos canciones y esta era la primera. En cuanto terminó la canción la cámara dirigió el lente hacia otro lugar. Ya habían hecho un corte para ir a comerciales. Se acercaron a donde estábamos y dijeron: «Recojan sus cosas. Ya no van a tocar».

Mientras lo hacía, Rogelio y Rodrigo, mis compañeros de la banda, recogían sus instrumentos. Pero en mi mente no había duda. Lo que había hecho, cantar la canción como originalmente se compuso, era lo correcto. No me había equivocado yo; los del programa de televisión se habían equivocado al invitar a un grupo sin escuchar antes sus canciones. En mi mente solo daba vueltas este pensamiento: *ellos me invitaron, ellos debieron escuchar nuestra música, ellos son responsables al habernos invitado.*

Yo me habría equivocado si hubiera cambiado la letra, me habría autocensurado y eso sí que sería un crimen: culpable por censurarme a mí mismo.

El productor del programa me llamó a la cabina, y allá iba atravesando puertas, pasillos, hasta llegar donde él estaba. Cuando dejó de ver las pantallas se volteó a verme. Yo creo que nadie era invitado a ir a esa zona, una zona restringida donde la pared está llena de monitores y personas con audífonos toman las decisiones. Desde ahí el director decide qué cámara va al aire, lo que se transmite a cada televisor.

«Fermín», me dijo, «no puedo creer lo que hiciste. Nuestra audiencia es muy grande, todo el mundo nos ve. Solo piensa: todo aquel que toma una Joya nos está viendo».

Era verdad, en ese tiempo el programa tenía mucho *rating*, transmitía a toda la región alrededor de Monterrey y muchos se la pasaban pegados al televisor hasta pasada la medianoche. Coca Cola era su patrocinador más importante, sobre todo con el refresco de sabor local: Joya. Seguramente cuidaban el contenido de aquellas cosas relacionadas con sus productos.

Yo solo pensé: *Guau, todos ellos escucharon lo que dije.*

«Nunca vas a salir otra vez en televisión, nunca más regresarás aquí, y de eso me encargo yo», dijo el productor.

Las palabras que habían salido de mi boca provocaron reacciones distintas en las personas a mi alrededor. De nuestro lado, como grupo, lo único que repetíamos era: debieron escuchar nuestro disco primero. Recuerdo que mi mamá me dijo:

«Mi hijo, todo el mundo dice esas palabras, ahora que no se hagan los santurrones».

El productor dijo: «Nunca vas a salir otra vez en televisión».

Pero la reacción más fuerte sucedió dentro de mi corazón, que se había inflado con soberbia y con orgullo: *Nunca antes un grupo había hecho lo que nosotros hicimos hoy, somos pioneros y si no nos vuelven a invitar al programa, ¿qué me importa?, hicimos lo correcto.*

En ese momento no importaba lo que pensaban de mí, lo había hecho con convicción y no me había autocensurado. Dije lo que dije porque quise, y no me había traicionado a mí mismo. Mis palabras viajaban por el aire, eran escuchadas y eso era lo que importaba.

II

Prófuga del Metate se había destacado por no tener una «característica» que lo definiera o lo limitara a algún género musical o a alguna ideología. Hacíamos canciones que nos divertían, mezclando cualquier cantidad de estilos que se nos ocurrieran. Si

hacíamos una canción *punk*, no hablaba de represión, ni era con-
testataria, sino todo lo contrario, era un chiste. Nuestra canción
más *punk* era *Lalalait*, donde nos reíamos de cómo hacían que la
leche fuera *light*, con menos calorías, pero te tomabas un vaso con
tu pan con dulce favorito. Jugamos con la idea de que esa leche
salía de «vacas atletas».

> *Es pasteurizada y homogenizada*
> *Es leche de vaca que no engorda nada*
> *Es leche entera de vacas atletas*
> *Y con tu merienda te cuida la dieta... ¡Lalalait!*

Y, por cierto, duraba tan solo 25 segundos. ¡Estas cuatro líneas
eran toda la letra de la canción!

III

Descubrí la música a través de un tocadiscos en casa de mis papás.

Mi mamá le decía a mi papá: «¿Para qué compras tantos
LPs?».

Por alguna razón, él había decidido comprar discos. Cuando
salía del trabajo y camino a casa se encontraba con la tienda de
discos, pasaba y compraba uno. Esto se había convertido en una
constante hasta que mi mamá le preguntó: «Y... ¿dónde vas a
escuchar esos discos?».

Terminó de pagar el tocadiscos que sacó a crédito mucho
tiempo después, cuando ya tenía en su posesión una colección de
discos, muchos de ellos yo los abrí, estaban nuevos. El plástico
alrededor era delgado, así que bastaba con romperlo con la uña

y desplazarla a lo largo de la abertura. El olor era muy peculiar, olía a nuevo y, al bajar la aguja, un mundo de sonidos empezaba a aparecer frente a uno.

¡Qué distinta es la experiencia digital hoy en día! No la puedes comparar con aquella época. El producto no solo contenía el acetato, este estaba envuelto en un sobre que contenía los créditos del disco, de cada canción, e incluso las letras.

Tenía una colección de música mexicana que se llamaba *Historia Ilustrada de la Música Popular Mexicana*, que me devoré. Cada estilo de música de diferentes épocas se presentaba en dos discos. Así fue como conocí la música de mariachi, los tríos, el son jarocho... pero debo decir que mi disco favorito fue uno de trova yucateca, mi compositor favorito fue Guty Cárdenas.

Era 1980, a mis 6 años, mi padre no tenía un disco con música para mí, así que mi hermana y yo le pedimos un disco de Parchís, un grupo de música para niños, quienes se habían convertido en los nuevos ídolos infantiles. Llegaron a México desde España.

La aguja del tocadiscos estaba esperando recorrer los surcos del disco más deseado por mi hermana y por mí. Cuando llegó mi papá, lo sacó de una bolsa de papel. Yo no sé qué cara pusimos, pero al ver la portada de color verde del disco *Hola, amigos*, tan solo dijimos: «¡Ese no es! ¡Es uno negro!».

¿Cómo sabíamos cuál era? No tengo ni idea, pero estábamos seguros, ese no era el disco que le pedimos a papá, queríamos el negro, el primero, donde estaba la canción que le daba nombre al grupo, la de «Parchís». En esa canción, los integrantes se presentaban, cada uno representado por un color. Junto a mis primos pasamos horas cantando y bailando. Claro, yo era la ficha roja, la más importante, el principal.

Mucho de lo que escuché en esas épocas fue lo que me impulsó a tomar el primer instrumento que tuve en mis manos, una guitarra de Paracho, Michoacán.

La vi en la parte de arriba del clóset de mis tías, en casa de mi abuela, apenas se asomaba entre cajas y bolsas. Imposible para mis once años alcanzarla, así que pregunté: «¿Qué es eso?».

No sé si fue una de mis tías, pero la bajaron del rincón donde estaba. Ni siquiera tenía las seis cuerdas, tenía cuatro, estaba llena de polvo, pero era aquello que yo escuchaba en esos discos, producía sonidos que me eran familiares. La siguiente compra fue unas cuerdas de nailon marca Selene, y comenzó mi aventura. Eran tardes invertidas para ir hasta «el obelisco», el lugar donde el autobús urbano que iba de San Pedro al centro de Monterrey daba la vuelta de regreso a casa.

No había pierde, me subía al autobús a dos cuadras de mi casa, me bajaba en la puerta de la tienda de instrumentos musicales, la única que tenía las revistas llamadas: *Guitarra fácil*. Había números dedicados a artistas o géneros musicales, que solo contenían las letras de las canciones y las imágenes de cómo se acomodan los dedos para formar los acordes que las acompañaban. Definitivamente eran otros tiempos.

Hoy en día encuentras todo esto en internet, pero en ese entonces tenías que tomar un autobús urbano e ir por aquello que te apasionaba. Para mí, la música. Comencé a tocar de todo, desde las canciones de Pedro Infante, los clásicos del rock en

México, Teen tops, Los rebeldes del rock, incluso encontré los acordes de las canciones de los Beatles.

Estaba en camino y nada iba a detenerme, encontré la música como una forma de refugiarme, algo que más tarde se convertiría en una forma de expresarme, de hacerme escuchar, de levantar mi voz.

¿De qué me refugiaba?

IV

De pequeño nunca me hice escuchar, no me salía la voz. Era demasiado tímido e introvertido. No era de los que querían llamar la atención, mucho menos era de los populares. En segundo de primaria llegué a una escuela nueva. Vivíamos frente a un colegio, pero mi papá siempre quiso darnos la mejor educación, y la escuela frente a mi casa era a la que mandaban a todos los expulsados de otras escuelas, así que la mejor educación que buscaba mi papá para nosotros en esa época la encontraba en un colegio privado dirigido por religiosos católicos, los Maristas.

Pero se encontraba en otra zona del municipio. Nosotros vivíamos en el centro, en el casco municipal de San Pedro Garza García. La escuela se encontraba en la colonia Del Valle, llena de casas grandes, con gente de dinero, una zona residencial. No era una zona exclusiva, ni la más cara, pero tenía un nivel socioeconómico más alto que el de nosotros.

Ahora enfrentaría diariamente mis propios demonios, aquellos que me hacían sentir inferior, que me hacían sentir que no tenía lo que se requería para estar en ese lugar. En esa época de la vida —no sé por qué— son importantes los tenis que uno lleva puestos, la ropa que se usa. Los tenis de moda eran los Reebook, los Kappa que se podían personalizar con diferentes triángulos de colores intercambiables, los pantalones vaqueros eran los 501 de Levis, y no era que quienes tenían todo eso estuvieran revisando qué tipo de tenis y vaqueros usabas, no, pero juntar una personalidad introvertida y tímida con la falta de recursos para encajar en el ambiente en el que estás era una receta para la inseguridad.

El *bullying* siempre ha existido, solo que en mi tiempo de primaria no se le conocía con ese nombre. Pero siendo yo un niño inseguro y sin carácter para enfrentar a alguien abusivo, vivía cada recreo lleno de miedo, de temor. Yo veía que el que se distraía se convertía en presa de los más fuertes. Así que me la pasaba todo el recreo dando la espalda a la pared, de tal manera que nadie me sorprendiera por detrás, ni me llevara cargando, ni me torturara en los postes de la portería de futbol.

V

Pero ahora estaba siendo escuchado.

Mientras resonaban las palabras que el productor me había dicho («Yo me encargo…»), regresé al foro para encontrar a Rogelio y a Rodrigo junto a algunos amigos ya con los instrumentos a su lado. Solo llegue para decirles: «¡Vámonos!».

Y es que soy el rey
todos me respetan

La letra de la canción también resonaba en mi mente. Había encontrado en la música la manera de expresarme, el *bullying* en mi escuela solo logró acumular un gran rencor en mi interior. Cuando no podía hablar, cuando no podía defenderme, cuando no podía reaccionar, solo repetía en mi mente: *Un día me vas a conocer y vas a saber quién es Fermín.*

Había encontrado mi voz para levantarla, ahora tenía un micrófono en la mano para decir todo lo que yo quería, y buscaría encontrar el respeto a través de mi música y mis letras. Creo que por eso la canción comenzaba así, expresando algo que yo no era, pero que quería llegar a ser: el rey, el que todos respetan. El miedo se había ido y mi corazón estaba decidido. No me iba a detener. El rechazo del productor del programa había impulsado mi anhelo de ser escuchado.

Podían apagar la cámara, dejar de transmitir, no dejarnos terminar las canciones... pero ahora el micrófono estaba encendido y lo tenía en mi mano.

VI

No muchos años después, estaba sentado en una sala multicolor junto a mi nueva banda. Control Machete había llegado al programa de televisión más visto durante las noches, un programa de medianoche conducido por Adal Ramones, llamado *Otro Rollo*. La peculiaridad de este programa estaba en el «monólogo» que presentaba el conductor cada programa.

Pero también recibía artistas y cantantes internacionales, a quienes los entrevistaba y ellos presentaban un par de canciones en vivo. Siendo nosotros de Monterrey, era un gran logro para el grupo estar en ese programa de televisión. Era debido al éxito que habíamos tenido en la radio y por las giras que estábamos haciendo. Nos habíamos ganado el estar en ese programa.

Hacíamos rap, y la primera canción que lanzamos sonaba a barrio. En ese entonces la relación rap/barrio no se podía esconder. El rap era de la calle, el rap *era* la calle. Y la influencia que tenían las películas y lo que alcanzaba a llegar de esta cultura desde California estaba todo plagado de clichés. Sobre todo, aquellos clichés del mundo chicano. Películas como *Sangre por sangre* (*Blood in, Blood out*) habían retratado la vida de las pandillas y el rap era una parte fundamental de esto.

Es por eso, yo creo, que tenían una idea muy vaga de lo que nosotros hacíamos y de lo que nosotros éramos.

Después de entrevistarnos decidieron hacer un «juego» con nosotros. Siempre hacían alguna dinámica bastante curiosa con los invitados. Y como nos relacionaban con toda esta cultura, se les ocurrió una idea. Nos hicieron buscar un «objeto» que escondieron en el estudio de televisión. Eran tres objetos y estaban distribuidos entre el público, la banda musical y el escenario. Nosotros no sabíamos qué buscábamos.

Recuerdo que los tres integrantes de la banda, Pato, Toño y yo, comenzamos a recorrer el lugar, todavía sin saber qué era. No recuerdo quién fue el primero, pero encontró un cinturón. Sí, un cinturón. Había uno para cada uno de nosotros y en medio de los gritos de la audiencia, mientras las cámaras nos apuntaban y los conductores intentaban decirnos algo, en nuestra mente nos preguntábamos: *¿Qué quieren que hagamos con los cinturones?*

Ellos pensaban que íbamos a comenzar a perseguirnos y azotarnos con ellos, como una pandilla que iniciaba a un miembro nuevo, donde los golpes se daban para infligir dolor y mientras más golpes aguantas, te ganas el lugar para ser parte de «la familia». No lo sé.

Los tres nos quedamos viendo, ninguno de nosotros andaba en la calle o formaba parte de una clica o pandilla. Éramos tres chavos a los que nos gustaba la música y encontramos en ella la manera de expresarnos. El rap nos permitía hacerlo y el éxito lo propagó por toda Latinoamérica. Ya estaba el micrófono en nuestras manos y las cámaras estaban encendidas. La transmisión había comenzado.

Mi «amigo» productor de hacía algunos años no logró su objetivo. No se pudo «encargar» de que yo no saliera en televisión una vez más.

Ahora tenía enfrente mucha más audiencia, era aún más conocido, pero los de este programa parecían no conocernos.

¿Acaso creían que nos azotaríamos entre nosotros? ¿Enfrente de las cámaras de televisión? Nunca habíamos vivido algo así fuera de las cámaras. ¿Qué les hizo pensar que lo haríamos frente a millones?

La realidad era una: no nos conocían. No puedo culparlos. Salimos de la nada, no conocían nuestro trabajo antes de llegar ahí, pero tampoco les interesaba. Éramos en ese momento los que estaban llamando la atención con un ritmo nuevo que olía a calle y generaba dinero.

Se había generado una expectativa muy rápida con el primer sencillo, y al ver la ola comenzar a subir, tanto la disquera como los medios decidieron subirse para ver qué podían sacar de ese suceso.

VII

Todos luchamos con nuestros propios miedos. Algunos lidiamos con ellos mejor que otros, algunos con mejores resultados que otros. Yo decidí guardarlo, no lidiar con él de forma inmediata, solo lo guardé y fue creciendo en mí.

Era como un monstruo que se estaba alimentando y fortaleciendo con el paso del tiempo, porque para alimentarlo hay muchas maneras. No solo era el *bullying* de la escuela, sino que le añadí el rechazo, las historias románticas fallidas, el alcohol, el preferir quedarme en el auto acompañado de un *six* de cerveza en lugar de entrar a la fiesta y conocer, bailar y convivir con otros.

Por eso cuando encontró un escape, salió.

Eso es lo que nadie conocía, nadie, incluso yo mismo.

Respeto mucho a compañeros raperos cuando en ocasiones han dicho que el hiphop salvó su vida, porque sé que así fue, en el sentido de que encontraron en la cultura y en el arte de hacer rimas una salida o una alternativa a lo que pareciera el único camino en las calles: las drogas y el alcohol.

A mí, el hiphop no me salvó la vida. En realidad, expuso mi corazón, descubrió los secretos que tenía guardados. Pero desde aquel día que descubrí que estaba siendo escuchado, ya estaban asomándose.

Quería decir que era el rey, que todos me respetaban, que tenía el carácter para gobernar sobre mi vida y la de otros.

Pero en realidad era el rey de un cochinero, de una pocilga y camino a la muerte, despidiéndome lentamente de mi alrededor de mi familia, hasta que llegara el día que no se puede aplazar: la muerte.

CAPÍTULO 2

Yo puedo hacer eso

Comía, bebía, respiraba rap
El hiphop era todo, todo mi andar
No hacía otra cosa, esperaba grandes cosas
Un millón de copias y la misma cosa
PELEANDO CON DIOS, FERMÍN IV, 2012

I

1994

Era como una maleta, como esas maletas que puedes llevar contigo dentro de la cabina del avión, pero sin ruedas, negra. Tenía un cierre a cada lado. En uno de sus lados se leía: «Case Logic», en la etiqueta. Y cada vez que viajaba de regreso a su casa, se la llevaba consigo. Como si llevara un tesoro.

¿Qué llevaba dentro?

«Rap, *house*», me dijo, «y un poco de *bass*».

Esos géneros de música yo no los conocía, era algo diametralmente opuesto a lo que yo escuchaba. El primer casete que tuve en mis manos, uno que escogí, lo encontré en los estantes, entre los chocolates, justo antes de llegar a la caja del supermercado.

Tendría unos doce años y me había llamado la atención su portada. Era completamente oscura, excepto por unas criaturas de color rojo con alas en el centro.

Era el LP de Ángeles del Infierno. Ya sé, bastante extraño para un niño de esa edad. Se titulaba: «Pacto con el diablo». La portada mostraba unos demonios dirigiendo su atención hacia un abismo, mientras se encontraban sobre una peña. Eso me había impulsado a escuchar *rock, heavy metal* y *trash*. Pero también quedé enganchado con el tema de la oscuridad, la muerte.

Enrique Molina había llegado a vivir a casa de mis papás, su papá y el mío se conocían del trabajo, eran amigos. Él es de Nuevo Laredo, Tamaulipas. Con el tiempo se convertiría en mi amigo, en mi hermano, en parte de nuestra familia. Iba a estudiar la misma carrera que yo, Medicina. Apenas nos habíamos conocido y no intercambiamos muchas palabras. La meta de mi papá era que entráramos a una carrera universitaria. «Ustedes van a tener lo que yo no tuve», nos decía. Y parte de esas cosas era una educación superior.

Escogí Medicina como tercera opción. Siempre quise estudiar música, desde pequeño mi afición por la música me inclinaba hacia allá. Pero a mi papá no le parecía una opción, en mi familia no había músicos. Así que, pensar en la música como carrera no estaba en el radar y lo único que venía a la mente de mi papá era un futuro poco prometedor. No es que me haya prohibido estudiar música. En esa época escuchábamos y atendíamos a lo que nuestros padres nos decían. Era una época distinta, ellos tenían mucha influencia en las decisiones que tomábamos.

Por cierto, hace un par de años, platicando con mi papá me dijo: «¡Yo nunca te dije que no estudiaras música!».

No lo podía creer, es algo que está enraizado en mi mente y que mi papá no recuerda en lo absoluto. Muchas veces, cuando algo que nos afecta, en lo profundo, no afecta al otro, no lo recuerda. ¿O será que nunca me dijo eso?

Si la música no era una opción, entonces le dije a mi papá: «Filosofía y Letras, eso quiero estudiar».

La cara de mi papá lo dijo todo. De ninguna manera iba a permitir que estudiara «eso». Ahora que tengo la edad que tenía mi papá en ese momento, lo entiendo un poco más. Quería evitar en sus hijos la falta de oportunidades que vivió él, quería que estuviéramos preparados para enfrentar la vida y eso incluía una carrera, pero una carrera que a su parecer iba a ayudarme a sortear el futuro.

Me fui como estudiante de intercambio a Scranton, Pensilvania, después de la preparatoria, sin haber definido lo que iba a estudiar. Tenía algunos meses antes de que comenzaran las inscripciones, así que tendría que decidir pronto. Al llegar a Scranton High, dos materias me emocionaron demasiado. La primera, claro, Música. Los programas del departamento de música en las escuelas públicas de Estados Unidos son muy importantes. Escoges tu instrumento y formas parte de una banda. Los alumnos desde pequeños crecen leyendo partituras y aumentando poco a poco su habilidad. Yo escogí el saxofón, puesto que había tomado algunas clases, y tocado un poco, en la Casa de Cultura cerca de mi casa.

Pero el nivel que tenían los compañeros era muy alto comparado al mío, así que me dejaban practicar en un cuarto, o más bien, en la bodega de instrumentos, a un lado del salón principal de música. Regularmente estaban ahí dos chicas yonquis. Era algo muy loco.

La otra materia que llamó mi atención fue Biología. El laboratorio era enorme y llegó un momento en que nos daban diferentes animales para disecar. Nos dieron ranas, conejos, un cerdito y hasta un gato. Mientras mis compañeros hacían sonidos de desagrado al abrir las bolsas donde venían, yo me emocionaba. Esto nunca sucedió en mis clases en México y lo estaba disfrutando demasiado.

Me llamó mucho la atención tomar un bisturí y disecar un animal, darme cuenta de todo lo que había dentro de su cuerpo. Es por eso que, al tener oportunidad, le dije a mi familia: «Inscríbanme en Medicina». Decidí por Medicina no por una labor social para ayudar a la gente, sino más bien desde un punto de investigación, había cosas dentro del cuerpo que quería observar y estudiar.

Enrique y yo estábamos inscritos en la misma carrera y con los mismos horarios, así que pasamos mucho tiempo en su Stratus blanco, y la música sería una parte que no podía faltar de camino a la universidad y más tarde de camino a los hospitales donde teníamos práctica o guardia.

Cuando regresé de Scranton, me vine con una guitarra Stratocaster y un amplificador Fender, que compré ahorrando el dinero que me daban para almorzar. Prefería comer una hamburguesa sencilla y leche, por $1,75, con tal de adquirir mi guitarra. Sí, hamburguesa con leche. Con la excusa de practicar el inglés, formé Prófuga del Metate. Según decía mi papá, iba a cantar en inglés y así lo practicaría y no lo olvidaría.

Así que a la par de estudiar medicina estaba ensayando y componiendo canciones con la banda. La música nunca se apagó, era un pasatiempo que ocupaba mis tardes y mis fines de semana. Pero ahora estaba sonando otro género de música a mi alrededor, se había sumado al estilo *hardcore* que escuchaba constantemente. Era extraño pasar de Morbid Angel a Heavy D and the Boyz en las bocinas; el sonido de las guitarras distorsionadas a toda velocidad, junto al doble bombo de la batería, no tenía nada que ver con los sonidos brillantes y electrónicos de una máquina de ritmos 808.

II

No había nada en la música urbana que se comparara con lo que había estado escuchando en mi adolescencia; sí, lo que escuchaba me hacía mover el cuello arriba y abajo, pero ¡*headbangeando*! Soñaba con tener la cabellera larga como los integrantes de esas bandas, para que se apreciaran los movimientos continuos al ritmo de la música y no solo quedarme con el dolor de cuello al siguiente día.

No solo era la música, era pasar horas haciendo dibujos de calaveras, humanas y de animales, de dibujar raíces de árboles que asemejaban rostros angustiados llenos de terror. Después pasó a las palabras, poemas que simulaban ser letras de una banda imaginaria, donde retrataba sufrimiento, cuestionamientos existenciales que solo aterrizaban en el infierno, descripciones de muertes, de demonios y batallas espirituales.

No era fácil, como lo es ahora, hacerte de música de este tipo. Tenías que tener amigos a los que les gustara la misma música, que viajaran o se aventuraran a ir a los tianguis donde se podían conseguir casetes grabados, mezclas o el álbum completo con la portada en blanco y negro: una fotocopia.

Un día llegó a nuestras manos un compilatorio de Roadrunner, una disquera especializada en Death Metal, se llamaba: *At Death's Door* [A la puerta de la muerte]. Lo mejor que te podía pasar era encontrar una joya como esta, que no solo incluía lo que ya te gusta, sino que te abría la posibilidad de encontrar nuevas bandas, para después conseguir sus álbumes. Ahí conocimos que el metal no se encontraba solo en Estados Unidos. Grupos de Brasil como Sepultura, o de los Países Bajos como Pestilence aparecieron en nuestro radar, y una sola canción nos sedujo para conseguir cada álbum. Así nos llenábamos de música que comenzaba a reflejarse en nuestras conversaciones, en nuestra forma de ser.

Necesitaba unas botas con cadenas, unas cuantas playeras negras. No tengo ni idea de cómo convencí a mis padres de comprarme una playera de Slayer que tenía una imagen verde al frente de un demonio. Los oídos no se sacian de escuchar. Era todo el día, y cualquier cosa que tuviera la palabra *death* [muerte] me atraía, fuera música o imágenes.

Un día llegó un VHS a mis manos, con una pegatina al frente que solo decía: «*Faces of Death*» [Rostros de muerte]. No era original, era una copia seguramente de otra copia. No recuerdo cómo fue que llegó, pero llegó a la televisión de mi cuarto. Era una especie de documental que incluía imágenes y videos de personas muriendo. No era una época donde todos estuvieran tomando videos, las videocámaras eran grandes, estorbosas y, sobre todo, caras.

Así que muchos de esos videos eran accidentes de personas que perdían la vida en granjas de cocodrilos mientras estaban de vacaciones… pero un video no podía salirse de mi mente: el tesorero del estado de Pensilvania cometiendo suicidio frente a las cámaras, que habían sido convocadas por él mismo para actualizar sobre la sentencia a 55 años, por corrupción, de la que era objeto. Su cuerpo perdía todo tono muscular y se desmoronaba en el momento en que jaló el gatillo, cuando caía al suelo una cascada de sangre brotaba de su boca y nariz.

Estaba alimentando mi mente y mi corazón con imágenes que hoy en día puedes conseguir en internet, pero en ese entonces solo se conseguían entre amigos. No creo que mis papás se hayan dado cuenta de lo que veía, de ser así, hubieran intentado detenerme.

Cuando llegó el otoño, en la fecha de Halloween, la escuela te permitía ir disfrazado, y con todo lo que sucedía en mi vida, sabía perfectamente cómo iría ese día. Mis tías estaban estudiando para ser estilistas. Tenían un «cabezón» para practicar sus peinados y sería perfecto como accesorio para mi disfraz. La ropa ya la tenía: las cadenas para mis botas, para mi pantalón, solo faltaba cómo llevar el cabezón, así que le puse el collar de mi perro y terminé arrastrando esa cabeza por los pasillos con una correa.

III

Eran demasiados casetes de rap. Algunos interesantes, otros no tanto. Pero poco a poco el sonido entraba en mis oídos, empezó a sonar en la casetera un rap sexualmente gráfico en inglés que mis papás no entendían.

Y de pronto lo recordé.

Cuando vivía en Scranton me la pasaba en MTV y recordé ver un grupo de rap bastante oscuro, su imagen llena de calaveras, de cementerios. Se asemejaba a todo lo que yo estaba ingiriendo, por lo menos en lo visual. No me acordaba tanto de la música, pero las imágenes estaban ahí.

«Pero ¿cómo se llama el grupo?», me decía Enrique mientras terminaba de empacar su maleta. Cada vez que llegaba el fin de semana, Enrique partía a casa de sus padres, en Nuevo Laredo. Y regresaba con casetes nuevos.

«No me acuerdo, solo que estaban sobre un monte lleno de tumbas. Enterrando a alguien... creo». Eso es lo único que recordaba, la imagen de unos muchachos con gorros de invierno y de pescador con antorchas. Suficientemente *hardcore*.

«Yo creo que, si lo buscas lo encuentras, igual no debe hacer mucho tiempo que salió ese álbum», le dije.

Cuando Enrique regresó el domingo por la noche, con sus audífonos alrededor del cuello, caminaba con una sonrisa. Era como si hubiera encontrado el mejor chocolate. Era como si hubiera tenido una revelación. Venía escuchándolo en su *Walkman* todo el trayecto del autobús hasta Monterrey. Varias vueltas ya.

Solo levantó su voz y me dijo: «¡Está ca...! ¡Está ca...! Neta».

«Está ca...» era una expresión que usábamos para describir algo que nos encantaba, y yo sabía que por lo menos a Enrique le había volado la cabeza. Así que no perdimos tiempo, nos fuimos a su habitación a escucharlo a todo volumen. Era fresco, era nuevo, era *hardcore* sin guitarras, la voz aguda y nasal de uno de los raperos se mezclaba perfecto con la otra voz llena de aire y grave que se escuchaba. Bajos repetitivos con melodías largas, algunos estaba claro que eran contrabajos.

Sí, ahora movía mi cuello, pero de una manera diferente, era como sentir el ritmo en el pecho. Los sonidos estridentes que salían cada dos o cuatro vueltas del bajo se combinaban perfecto. La producción era algo muy distinto al rap más electrónico que habíamos estado escuchando por meses. Las baterías no parecían hechas con máquina, eran reales.

Y las letras eran violentas, juegos de palabras que describían enfrentar al enemigo con el arma en la mano, invitaciones a cortar cartucho, advertencias a estar listos, pero dispuestos a disparar al pecho. Y, no podía faltar, hablar de la injusticia policiaca.

Era Cypress Hill, nuestro nuevo grupo favorito. Claro, ahora queríamos saber qué otros discos tenían y qué otros grupos estaban en su mismo sello discográfico.

«¿Cómo se llama la disquera que produce el disco?», dije. Volteando el casete vimos los logos. Decía: «Soul Assassins».

Solo nos miramos como niños en una juguetería. Lo sabíamos, necesitábamos cualquier disco de ese sello. Y la próxima semana estaríamos de nuevo, en ese mismo lugar, escuchando música nueva.

No solo Cypress Hill nos cautivó. House of Pain y Funkdoobiest comenzaron a llenar nuestros viajes a la universidad. Para ese momento, Enrique había puesto dos bocinas de doce pulgadas, el auto vibraba cuando le subías el volumen. Sentías en la espalda el golpe de cada sonido grave.

IV

«Ese no es el primer disco», me dijo Enrique aventándome un casete.

«¡LA LA LA LA, LALA, LALAAAAA!». Repetíamos una y otra vez. No habían pasado ni siquiera tres canciones del primer disco y estábamos más enganchados que la semana anterior. No importaba si estábamos afinados, pero cantábamos a todo pulmón:

«¡LA LA LA LA, LALA, LALAAAAAAA!».

Cuando terminaba el lado B, comenzaba una canción en español: *Tres equis*. Creo que no fue la primera canción de rap que escuché en español. Seguramente ya había escuchado *Me acuerdo* de Vico C, *Mi abuela* de Wilfred y la Ganga, incluso un álbum bastante extraño del luchador Konnan. Pero nada me había inspirado, ni siquiera me había llevado a pensar que el rap fuera una oportunidad para expresarme.

Estábamos escuchando en la casetera de Enrique y repetí varias veces la misma canción, una y otra vez. Por dentro yo pensaba: *Yo puedo hacer eso.*

V

Aun cuando para mi papá la música no era una opción para dedicar mi vida, me fue comprando ciertos instrumentos. Él no sabía de marcas, ni mucho menos, así que cuando vio en Radioshack un teclado, lo compró. Era un Realistic, tenía ciertos sonidos, pero también tenía ritmos. Tan solo le ponías *play* y te tocaba una base rítmica de rock, de disco, de foxtrot o incluso vals.

No había un ritmo de hiphop. Y tenía una opción de grabar, junto con el ritmo, algún acompañamiento con el teclado. Así que tomé un ritmo y tan solo le grabé una línea debajo, bastante básica, por cierto.

Con un cable pasé el sonido del Realistic a una casetera, era un Boombox de doble casetera, así que, cuando terminé de grabar, pasé el casete a la izquierda y conecté un micrófono. Tomé una libreta que tenía por ahí y comencé a escribir:

Me levanté por la tarde
Como a las 5:10
Me duele la chompa
Me duelen los pies

No hay duda, mis primeras rimas no iban a conseguir ningún premio, de eso estaba seguro. Pero había comenzado, tenía que ponerle mi voz y hacer otra. ¿Por qué? No lo sé, solo sentí la necesidad de hacerlo.

Para hacer otra base, lo único que tenía que hacer era apagar y prender el teclado, eso hacía que se borrara la secuencia y podía grabar otra línea debajo. Era todo lo que necesitaba, un ritmo y un bajo. Y escribir otras rimas.

Yo no sabía si necesitaba alguna estructura. Tan solo hacía versos y rimas, en el momento que sentía le introducía un coro, que era en realidad una frase de tres palabras, que repetía por cuatro veces y listo.

Ese día me di cuenta de que yo lo podía hacer, que esa bodega al frente de mi casa, aquel lugar que varios años atrás era una papelería, sería el lugar donde comenzaría a crear mis primeras rimas. Esa tarde hice tres canciones, dos con un tema específico, que tenían una idea desarrollada y clara, y el tercer tema tan solo eran agradecimientos. ¿A quién? No lo quieres saber, créeme, pero agradecimos a la «grabacha» (o sea, la grabadora), el clima, la electricidad, la vida y músicos imaginarios con nombres americanizados. Saludamos a nuestros cuates de 2Live Crew, Mc Hammer y Vanilla Ice.

Hay un momento en la grabación en que se escucha mi voz diciendo: «El rap es la vida».

Tenía mi guitarra, mi amplificador, la doble casetera y luego se sumó a esto un mini teclado que se trajo Enrique de Laredo que simulaba sonidos de *scratch,* y ahora este sí tenía ritmos de rap. Tenía apariencia de un juguete, por donde lo vieras. Y nada mejor que eso porque en realidad estábamos jugando a ser Mc. Caballero y DJ Perk.

Estábamos jugando, soñando, saludando a raperos famosos como si fueran nuestros amigos.

VI

La señora de la tiendita del pueblo mandó a su hija a avisarle al doctor que lo había llamado por teléfono. Habían pasado tres años y Enrique estaba en un pueblo llamado Cerros Blancos, en el municipio de Mier y Noriega al sur de Nuevo León. Casi en la frontera con San Luis Potosí.

Estaba ahí haciendo su servicio social, en el centro de salud, después de haber terminado la carrera de medicina. El rap lo siguió hasta esa pequeña comunidad.

«Doctor, lo llamaron, y en quince minutos lo van a volver a llamar», dijo la pequeña.

Como solo había una línea telefónica en el pueblo, tenían que ponerse de acuerdo para estar en el lugar cuando entrara la llamada. El sol golpeaba sobre el camino de terracería mientras Enrique se preguntaba quién lo había llamado. Al llegar, el sonido característico de un teléfono viejo interrumpió la conversación entre ellos dos. Al levantar el auricular, Enrique solo escuchó una base, un *beat* y la voz de Fermín sobre ella, de Mc. Caballero.

Después de unas líneas le dijo:

«¡No sabes dónde estoy!».

«¿Dónde?».

«¡En California, hermano!». El humo de la marihuana llenaba la sala de control en donde sonaba la canción a todo volumen.

«¿No andabas en Miami?», le preguntó Enrique. Era lo último que sabía de parte de su mamá, que junto a Control Machete estaban grabando unos musicales en la playa para las vacaciones de primavera de MTV latino.

«¡Pues me vine a grabar acá una canción, *bro*! ¡No sabes con quién, ni te lo imaginas!». La canción avanzaba en el fondo y entrando el coro se escuchó la voz nasal de B. Real.

Caminando por la calle, siempre peligroso, corriendo en el pleito mueren los mocosos...

Enrique no lo podía creer. El sueño en aquella bodega de alguna manera se había cumplido. Fermín estaba grabando una canción con Cypress Hill. Enrique tan solo soltó un grito de emoción y se puso la mano en la frente. La señora de la tienda asomó la cabeza por entre los estantes de fritos y pan. Extrañada, se le quedó viendo al doctor mientras él salía de la tienda camino al Centro de Salud.

CAPÍTULO 3

Quiero tener una banda así

I

«¡Corre! ¡Corre!», gritaba ella mientras arrastraba una carriola intentando alejarse del lugar. Con una mano empujaba a una niña de unos nueve años. No era la única mamá que se alejaba intentando hacerlo lo más rápido posible. También un señor mayor agarrándose el sombrero se abría paso a través de la multitud.

Pasaron a mi lado, los estaba viendo de reojo, pero mi atención estaba enfocada en un solo lugar. El lugar de donde todos querían huir era el lugar que me atraía más. Yo quería estar ahí, de eso no tenía duda.

Algo me atraía tanto que me hacía desearlo como lo único que quería a mis trece años. Del lugar salían luces de diferentes colores que parpadeaban a un ritmo determinado, y los sonidos eran estridentes, pero atractivos. Lo que muchos considerarían ruido yo lo entendía a la perfección.

Todos ellos salían corriendo mientras yo mantenía el ritmo con mis pies.

El que zapateaba sobre el escenario era «Chiva». Traía una gorra de béisbol con la visera hacia atrás y una chamarra de mezclilla. Levantaba su pie hacia atrás doblando su rodilla y golpeaba el escenario, al estilo de Axl Rose. Y a su lado estaba uno con un cinturón lleno de estuches para armónicas, pero parecía que traía municiones. Era una guerra. Era mi guerra, lo sabía, pero aún no me habían invitado. Ni siquiera tenía con qué aparecer en ella.

De pronto reconocí al que estaba tocando la guitarra. No lo podía creer, era Jorge Tamez, mejor conocido como «Flippy». Estaba en mi escuela, éramos de la misma generación, y desde el segundo año de primaria íbamos al mismo salón.

Estaba escuchando a Fuscas y Nopales, un grupo de *covers* que tocaban canciones populares de ese tiempo. Claro, tocaban canciones de Guns N' Roses, era evidente por el nombre que se habían puesto. Sobre el escenario se veían grandes, se veían seguros. Desde ahí dispararon en mi mente imágenes de lo que quería para mi vida.

Estaban tocando en la plaza principal de San Pedro Garza García, en las fiestas del santo patrono de la comunidad. Las tradicionales Fiestas de San Pedro y San Pablo se llevan a cabo en el verano, la ropa se pegaba a la piel de camino a casa y eso que eran las diez de la noche. El calor era insoportable.

II

El folleto decía que era en el kiosco de la Macroplaza, así que dejamos el auto estacionado en el Barrio Antiguo de la ciudad y caminamos esa noche, seis años después, era 1993.

«¿El Gran Silencio?», preguntó Rodrigo.

Era la primera tocada que teníamos, así que apenas estábamos conociendo a otras bandas de Monterrey.

«Han de tocar rupestre», dijo Rogelio. Él era el más clavado con el rock nacional, no el que todos escuchaban por la radio. Él escuchaba Trolebus, Banda Bostik, Real de Catorce, Arturo Meza y claro, el profeta del nopal Rockdrigo González.

Llegamos al kiosco, típico kiosco de provincia donde solo había un acceso, unas escaleras con barandales de fierro pintados de negro que luego rodeaban todo el lugar. No había un escenario, o más bien ese era el escenario. Al llegar notamos que solo había quince personas, y cada una tenía un instrumento en sus manos. Algunas guitarras acústicas, guitarras eléctricas, uno que otro solo tenía baquetas en sus manos, claro, girándolas entre los dedos.

En el momento que lo vio Rogelio, comenzó a hacer lo mismo, girar las baquetas que tenía en las manos. Ahí estábamos todos con una pinta rara, con cabellos largos, grasosos, que caían por la espalda y al mismo tiempo cubrían parte del rostro. Flacos y con playeras negras con logotipos de alguna banda de *punk* o *rock* al frente.

Entre ellos había uno aún más raro, el «Comas», golpeando un recipiente grande de color negro. Más adelante supimos que era el recipiente de la ropa sucia de su casa. Cuando le tocó a su banda, subieron con guitarras acústicas y un muchacho que tocaba la flauta. De hecho, los encargados del audio no querían ponerle un micrófono al recipiente del «Comas», hasta que entendieron que esa era su base rítmica.

Nada iba a detener los sueños de esa raza, eran sueños de estrellas de *rock*, de ser como aquellos que mirábamos y admirábamos.

Haciendo música solo por hacerla, estábamos ahí sin público; o más bien, éramos las bandas que iban a tocar y al mismo tiempo el público de las demás. Más adelante nos convertiríamos no solo en fans unos de los otros, sino también en amigos y compañeros en este gusto por la música.

«Solo que traigas tus baquetas y platillos», nos respondió cuando le pedimos la batería.

Teníamos solo unas cuantas canciones, que habíamos ensayado en casa de Rogelio. Todos estábamos estudiando; ellos estudiaban para contador, yo para ser médico, así que solo teníamos los fines de semana para vernos. Llegamos ese viernes con unas chelas, un cartón de 24, íbamos por *hot dogs* al Super 7 y eso era suficiente. Nos la pasamos escuchando a las bandas que nos gustaban casi hasta el amanecer.

Desperté el sábado temprano, con un dolor de cabeza terrible, la siempre innecesaria pero siempre presente resaca. Caminamos a la tortillería y compramos una lata de frijoles para untarlos, hacíamos tacos para el desayuno. Cuando terminamos, nos colgamos los instrumentos y a ensayar.

El micrófono lo amarramos con cinta en uno de los extremos de un estante de metal que había en el cuarto. No teníamos un pie, así que improvisábamos ya que lo único que queríamos era que sonara la voz a través del Boombox. En realidad, no se distinguía mucho la letra, lo que decíamos. Como eran canciones nuevas, la letra la pegamos en la pared. Seguramente este patrón se repetía en todas las bandas que esperaban alrededor del kiosco. No teníamos equipo para ensayar, solo los sueños de tener una banda.

Comenzamos a conocernos porque cada semana había un lugar donde tocar, si no era en un antro o en un bar, era en la casa de algún fan que nos decía: «Les doy un cartón de cerveza y tocan en mi cumple», y ahí estábamos. Algunos sábados era un ensayo con público. Algunos de aquellos que estaban ahí siguen siendo fans de la Prófuga hasta el día de hoy.

Cuando nos tocó subirnos al kiosco a tocar, yo estaba muy nervioso. Mi personalidad no ayudaba, era demasiado tímido e introvertido, pero la banda me había ayudado a ser más aventado. Así que, cuando subía, cuando tenía la guitarra en mis manos y el micrófono enfrente, me transformaba. Ese día tocamos una canción que había escrito llamada «Fútbol», que hablaba sobre una persona que huía de la policía dominando un balón por las calles de Monterrey, se subía al autobús hasta llegar a la Macroplaza de la ciudad, donde se encontraba con sus amigos y armaban una «cascarita».

Eso era lo que sentía, como si empezáramos a jugar una cascarita con nuestros amigos de la música. Estábamos listos para gritar gol, solo estábamos esperando el momento.

III

Muchos aprovecharon este auge de jóvenes que se expresaban a través de la música, ya que no faltaron partidos políticos que organizarán conciertos. Incluso mezclando sus nombres con la palabra *rock*, como Jorge Manjarrez, candidato a la presidencia municipal de Monterrey. Su comité organizó el Festival ManjarRock en 1994.

Muchos de nosotros nos dimos cuenta de cómo esto estaba creciendo demasiado cuando fuimos convocados a un concurso de bandas. Se decía que se habían inscrito cerca de 400 bandas, de las cuales solo 28 llegaron a la final.

El gimnasio Nuevo León fue testigo de la final. Las bandas que llegaban de todos lados, la lista era interminable. ¿De dónde salían? No tocábamos el mismo género de música, al contrario, era tan variado que escuchabas a unos haciendo *ska*, luego subían otros tocando *rockabilly*, otros, metal y les seguían unos que hacían rupestre. Pero todos estábamos ahí, escuchándonos y apreciándonos unos a otros.

Surgieron amistades, era como si todos formáramos una familia, una misma tribu. Estaban los de La Irepa con su estilo *grunge*, Barbas Tengas con un estilo más *heavy*, Amaranta con su *rock*, los Mortuary con su *death metal*, Salario Mínimo con su estilo caifanesco, y la lista sigue.

Era el semillero de lo que después reventó por todo México, incluso en América Latina. Muchas de esas bandas en un par de años se disolverían para dar pie a otras que se dieron a conocer a través de MTV Latino.

En ese concurso nuestra banda quedó en cuarto lugar, bastante bien para una banda que era demasiado ecléctica y rara. Mamíferos Habituales ganó el primer lugar y El Gran Silencio, el segundo.

IV

La Tumba era un Musicantro Cultubar en el Barrio Antiguo, uno de los tantos lugares que nos abrieron las puertas para tocar. Pero el Pájaro, el dueño de la Tumba, vio algo en estas bandas. No pretendía ser mánager ni nada, tan solo nos dio un espacio. Lo frecuentábamos en las noches, pero si llegabas por la mañana, era como llegar a otro lugar, en el ambiente se percibía un hedor penetrante, una mezcla de alcohol, tabaco y un poco de vómito y orina. Al abrir la puerta y entrar, no alcanzabas a ver nada, la combinación del sol afuera y la oscuridad del interior te dejaba ciego por unos segundos.

«¿Por qué no grabamos un demo?», nos dijo el «abuelito», el guitarrista de Disolución Social, una banda de *punk*. Él sabía operar la consola de audio, y montamos un estudio de grabación en los cuartos de arriba. En uno de los cuartos instalamos la batería que Renato Betancour, un amigo, nos prestó. Renato ayudó en esa etapa a muchas bandas que iniciaban, llegó a ser uno de los más grandes proveedores de equipo de audio del norte del país, siempre lo recordaremos como esa mano que se extendía.

En otro cuarto instalamos el bajo y a un lado la guitarra. Nunca habíamos tocado sin vernos, pero lo haríamos con el objetivo de grabar lo que llevábamos haciendo por dos años. Por debajo de las puertas salían los cables de cada micrófono, de cada instrumento. La Tumba era una casona antigua, con techos muy altos y puertas de madera muy viejas.

La consola mezclaba todos los canales y se grababa en dos canales de los cuatro que tenía la grabadora. Sin clic, sin metrónomo, sin vernos, solo tocamos lo que ensayábamos cada sábado.

Al siguiente día grabamos todas las voces, después de la facultad. Ahí estábamos gritando gol, aquellos que nos acompañaban en cada tocada, entre ellos los hermanos Hernández, Julián y su hermano el «Sabalito».

Lo que grabamos ahí se convirtió en un demo llamado «En una cascarita». Y solo se hicieron casetes.

V

La casa de mis papás se convirtió en un lugar para tocar. Le caían todos. El Johnny con los Koervoz de Malta, que después formaría una banda llamada Plastilina Mosh. ¡Quién más caía en mi casa! Había cervezas para todos y solo con amplis de guitarra, de bajo y una batería era suficiente para ver desfilar las bandas de amigos que tocaban sus nuevas canciones.

Por alguna razón, todas las bandas tenían una canción sobre un animal. No sé si era la época o las influencias que escuchábamos, pero era así. Los Koervoz de Malta, banda de Jonás, tenían *Hormiga*. Nosotros teníamos *Gran jamón*, sobre un cerdo, Barbas Tengas tenía su canción *Mi pollito*, Vampira X había hecho una canción llamada *El tiburón* y Zurdok Movimento tendría la canción más famosa con referencia a un animal: *Gallito inglés*.

Incluso aquella banda que había escuchado en la Plaza De San Pedro, Fuscas y Nopales, se había convertido en La Última de Lucas, su canción más famosa era *El dinosaurio azul*. Todos podemos reconocer que esta banda era grande, que todos queríamos verlos triunfar más allá de Monterrey. Y eran épicos, ellos no podían tener un animal cualquiera, tenían que tener un animal enorme, gigante, y de un color peculiar que comiera uno que otro ser humano. Uno que no se extinguiera y sobreviviera a la extinción.

Curiosamente sería una de las bandas que todos quisimos ver grande, pero se quedó en el camino. Se extinguió.

VI

Una de esas noches terminó muy tarde, mi consumo de cerveza había aumentado poco a poco. Una era ninguna, dos apenas para arrancar, ¿cuántas serían suficientes para disfrutar? ¿Cuántas serían el límite? Una para ti, dos para mí, tres para seguir con la «cheve» (cerveza) hasta el fin.

Poco a poco esa noche la gente se fue yendo a sus casas, ya no había nadie cuando llegué a mi cuarto y todo me daba vueltas, literal. Pero eso no era algo nuevo, era un clásico. Solo con bajar el pie de la cama y tocar el suelo, por lo menos las vueltas eran más controlables. Pero al poner la cabeza en la almohada comencé a darme cuenta de algo… mis manos comenzaron a sentirse extrañas, un hormigueo que se deslizaba de la punta de los dedos hacia la muñeca.

Se estaban quedando dormidas y no sabía por qué. Cuando me percaté de eso, sentí en los pies la misma sensación. La borrachera nunca me preocupó nada, pero esto era algo extraño, lo que sentía me hizo comenzar a golpear la cama con mis puños.

El sonido seco de mis puños golpeando el colchón se mezcló con el sonido del televisor. Mi mamá seguía en el cuarto de al lado viendo algún programa, era muy noche, de madrugada. No estaba tratando de llamar su atención, pero repetí lo mismo ahora con mis pies, el golpe era más fuerte.

Confieso que empecé a preocuparme, quizás si hubiera estado en mis cinco sentidos, me hubiera dado un ataque de ansiedad. Pero en mi borrachera lo único que se me ocurría era azotar mis manos y pies a la cama, creyendo que eso cambiaría la sensación.

Como eran más constantes los golpes y más fuertes, la puerta de mi cuarto se abrió y se asomó mi mamá.

«¿Por qué haces eso? ¿Qué te pasa?», me preguntó.

«Tengo dormidas mis manos y pies».

Se sentó en la cama e intentó calmarme. Frotó mis manos, como dando un masaje. Yo seguía golpeando con mi otra mano, ella no se veía preocupada ni por un minuto, después fue a la cocina y me trajo un café. Por alguna razón pensaba que la borrachera se bajaba con un café bien caliente. La verdad no recuerdo si se me bajó, pero sí recuerdo que tomé una decisión. Me sentía tan mal que repetía una y otra vez: «No vuelvo a tomar, no vuelvo a tomar».

Claro que al día siguiente le añadí una palabra a la misma frase: No vuelvo a tomar cerveza… y comencé a tomar tequila. Una botella pequeña de tequila Cuervo Blanco estaría sobre mi amplificador en las tocadas a partir de ese día.

VII

Bogotá, Colombia
1997

En cuanto salimos de la camioneta que nos transportaba, escuchamos con más claridad lo que se veía a lo lejos. Estábamos en Bogotá. Ya era yo vocalista en Control Machete.

Una multitud coreaba a todo pulmón *Ingrata* de Café Tacuba, era tan fuerte que no se escuchaba la banda. Claro, estábamos detrás del escenario, y los altavoces no apuntaban hacia donde estábamos. Pero en la multitud se escuchaba como un campo de guerra.

En cuanto bajó el último de nosotros, notamos algo: la camioneta se movía sola, como que se balanceaba de arriba abajo.

«¿Sientes eso, hermano?», me dijo Pato con los ojos bien abiertos.

Claro. Lo sentía. La tierra temblaba.

Tocando el hombro y apuntando hacia el lugar me dijo: «Mira, el escenario entero se está moviendo».

Era uno de esos escenarios gigantes, un Tour Support. Una estructura enorme, de esos escenarios donde el espacio que ocupa la banda se ve pequeño. Todo eso se movía de lado a lado mientras Café Tacvba tocaba sobre él, no es que se estuviera cayendo, pero se percibía el balanceo.

Me recordó el primer día que fui al foro Alicia, fuimos a ver la Sekta Core. El segundo piso, donde estaba el escenario estaba pandeado hacia abajo, como si fuera una pequeña fuente de agua. Estaba repleto y en cuanto comenzaron a saltar todos al mismo tiempo, el piso temblaba, de hecho, creo que fue el primer temblor que sentí en el D.F.

«¿Cuántas personas hay?», pregunté al personal.

«Ciento cuarenta mil».

Era el festival más grande, en ese momento, de todo Sudamérica, el conocido «Rock al parque». Sí, un grupo de rap, tocando en un festival de *rock*.

«¿Ciento cuarenta mil? ¿Cómo? ¡Ni siquiera en el estadio Azteca cabe esa cantidad de gente!».

Sí, era la audiencia más grande frente a la que habíamos tocado. El sentimiento de subir a ese escenario era una mezcla de muchas cosas, era un logro desbloqueado. Era recordar cada tocada en la terraza de algún fan, momentos en el estudio, cuando nos pagaban con un cartón de cerveza, mientras grabamos las canciones que estábamos ahora tocando. Recordar mi familia, mis amigos, mi banda anterior.

Cuando comenzó a sonar Comprendes Méndez, la gente enloqueció, y lo único que se me ocurrió hacer fue levantar mis dos brazos. Al instante, toda la multitud tenía sus manos arriba, extendidas, imitando mi movimiento. Era un sueño hecho realidad.

Solo fueron 45 minutos, menos de una hora, solo fueron unas cuantas canciones, pero era mucho más que eso, era llevar sobre los hombros a muchos que estamos expresando nuestras vidas a través de la música.

VIII

Años antes...

Siempre se la pasaba haciendo dibujos, como caricaturas.

Teníamos trece años, cursábamos en la secundaria. Intentaba ver lo que estaba haciendo, pero su brazo me tapaba la hoja, cuando se dio cuenta me enseñó unos «monitos», los cuales identifiqué inmediatamente.

«Este es Slash», me dijo, apuntando al que tenía el pelo rizo y largo. Del otro lado estaba uno con el pelo liso cayendo por los lados, «y este es Axl».

Estaba haciendo referencia a Guns N' Roses, banda que había cambiado el rumbo del *rock* en ese momento, del *heavy metal*. Su vocalista, con una gracia que atraía todos los reflectores junto con cada músico, aportaba a la grandeza de su éxito. Cuando llegaron a nuestros oídos, habían capturado nuestra atención por completo. Al que dibujaba lo llamábamos Flippy, a esa corta edad estaba tocando ya la guitarra. Se llamaba Jorge Tamez y en ese entonces estábamos en el mismo salón, éramos de la misma generación, desde segundo de primaria.

El día de hoy, es el guitarrista de una de las bandas mexicanas más grandes, llamada Jumbo.

En su dibujo reconocí a Slash, reconocí a Axl, pero había otro monito entre ellos, como si se estrecharan extendiendo sus manos sobre sus hombros, como si les hubieran dicho que estaban tomándoles una foto.

Yo no lo reconocí, le pregunté: «¿Y ese?».

«Ese soy yo».

Unos años después, Flippy tocó aquella noche, con Fuscas y Nopales, en esa tocada donde todos corrían y yo me quedaba. Cuando caminé a casa, yo sabía qué era lo que quería hacer con mi vida.

Yo quería tener una banda así.

CAPÍTULO 4

Creo que
no hay otra
oportunidad así

Un trío de mexicanos
Con machete en la mano
Dominando todo el llano
Algo loco algo insano
CONTROL MACHETE,
CONTROL MACHETE, 1997

I

1995
Ciudad de México

El teléfono no dejaba de sonar del otro lado.

Toño, el productor y DJ de la banda, estaba marcando desde las nueve de la mañana al número que tenía de la disquera, pero era sábado. Ya estaba en octavo semestre de la carrera de Medicina y Control Machete, que hasta ese momento era tan solo un proyecto, tomaba más tiempo y espacio en mi vida.

«Tomamos el autobús en la noche, llegamos, tenemos la cita con ellos y nos regresamos el domingo», les dije a mis papás.

Eso era lo que habíamos planeado los tres. Habían pasado varios meses desde que comenzamos a escribir y grabar las canciones. Las habían tocado en la radio local, en Monterrey. Y ahora nos embarcamos hacia el Distrito Federal pues una disquera transnacional, Polygram, se había interesado en el proyecto.

Las canciones eran cada vez mejores, sonaban más sólidas que las primeras, estábamos mejorando poco a poco en la forma de producir y en la estructura al escribir las rimas. Un casete había llegado a las manos de Robbie Lear quien recientemente había comenzado un sello, llamado Manicomio, dentro de la disquera.

Pero en realidad eran solo cuatro canciones las que teníamos compuestas y grabadas. No teníamos más. Por alguna razón, no entiendo bien por qué, veíamos este interés de la disquera como algo tan importante para nosotros que no dudamos en hacer un viaje de más de 800 kilómetros en autobús. Conocíamos al Mopri, que ya se había mudado a la ciudad para continuar avanzando con su grupo, Acarnienses, así que nos quedaríamos con él en la Narvarte.

Toño solo nos volteaba a ver, tranquilizándonos y diciendo: «Seguro nos reciben por la tarde», porque nadie del otro lado de la línea contestaba el teléfono.

«Buenos días, por fin…», dijo en el teléfono. «Me podría comunicar con el Señor Ro…».

Después de decir eso, se quedó callado un rato, solo escuchando.

Volteando hacia la pared y ocultando su rostro de nosotros dijo: «¿Está seguro que no fue a trabajar?». Pato, quien se había embarcado con sus rimas en esta aventura con nosotros, y yo nos volteamos a ver.

«Me dijo que él podía recibirnos».

«Joven, nadie viene a trabajar en sábado, si quiere paso su llamada, pero no hay nadie». Fue la respuesta del personal de Seguridad que, pasando por la recepción, se le ocurrió contestar la llamada.

El lunes siguiente yo tenía clases en el hospital Metropolitano y ellos dos tenían clases en la universidad. No habíamos considerado quedarnos más allá del domingo. Esto cambiaba todos los planes.

Mientras decidíamos que hacer, el Mopri nos llevó por unas Kekas y una caguama, al día siguiente un sánguche del metro Etiopia y una caguama. El domingo un pozole y una caguama.

II

«¡Má!», grité abriendo la puerta. Eran las seis de la mañana y sabía que se encontraba en la cocina. Eran las primeras veces que Pato, Toño y yo nos juntábamos a componer, cuando no teníamos idea de lo que iba a suceder.

«¿Que no tienes que ir al hospital?», me preguntó.

«Tienes que escuchar esto», le dije mientras dejaba sobre la barra de la cocina un casete. Tenía la costumbre de llevar la canción que habíamos hecho durante la noche para que ella la escuchara. Sentía que así yo justificaba haber estado fuera de casa.

«Me tengo que bañar».

Atravesé la cocina para salir hacia el patio. Estaba combinando mi carrera de Medicina con mi pasión por hacer música. Salía del hospital y me iba al estudio, salía del estudio y me iba al hospital. No dormía mucho, pero quién quiere dormir cuando estás haciendo lo que más te gusta. El pasillo del patio hacia mi cuarto estaba lleno de rosales y pinos, como pinceles, que había plantado mi papá. Recuerdo que cuando él llegó con los pinos, algunos años atrás, estaban apenas de mi tamaño, lo recuerdo porque mi papá lo mencionó.

«Cuando crezcan te van a pasar a ti, van a pasar la barda y hasta van a pasar el techo de la casa», decía mientras presionaba la pala con su pie y abría la tierra para plantarlos en fila.

Cerca de dos metros entre uno y otro, parecía muy lejos, pero con el paso de los años, ahora, casi se tocaban. Mi papá tenía razón, no eran muy gordos, pero sí habían crecido y pasado la altura de mi casa y casi se acercaban al tamaño de los departamentos de al lado.

Enrique, quien me enseñó el rap, tenía su habitación al lado de la mía, así que golpeé con el puño la ventana mientras le gritaba: «¿listo, ca...?».

«Ya casi».

Entré corriendo a mi cuarto, me bañé y me puse mi disfraz. Bueno, disfraz es un decir. Teníamos que usar pantalones blancos, camisa y corbata. Un saco blanco que se parecía a las batas de laboratorio de la prepa. Y, no se pueden olvidar, los zapatos blancos. En realidad, era lo que usábamos desde que empezaron las prácticas en el hospital.

Algunos de mis amigos me decían que no podían imaginarme siendo doctor, que las personas se iban a asustar si en la mesa de operaciones llegaba yo. Me veían en el escenario con mi banda, así que les parecía demasiado raro.

Mamá me dijo cuando regresé a la cocina: «Bueno, alguien las va a decir». Ella se refería a la grosería presente en mis rimas. «... pero: ¿andamos armados con el cuerno de chivo? ¡Ay Fermín!». Yo no pensé que me diría algo así; digo, es mi mamá.

Yo ya no tenía límite en cuanto al vocabulario que utilizaba, desde Prófuga decidí escribir lo que quisiera sin censurarme. Sentía que la autocensura era peor que la censura impuesta por alguien más. No era ser grosero por ser grosero, yo sentía que las palabras le daban la fuerza al discurso que se expresaba en las canciones.

Claro que, hoy en día, el lenguaje que se utiliza en el rap o la música urbana es mucho más explícito que en nuestro tiempo, pero en aquella época, nadie estaba expresándose de esa manera.

Me despedí y, al llegar al carro, cuando empezó a sonar la canción, le dije a Enrique: «Sube el volumen».

Su auto estaba «pimpeado» años antes de que «pimpear tu nave» se pusiera de moda. El bajo que traía sonaba casi a una cuadra de distancia.

Yo sentía que poco a poco, como esos pinos en mi patio, las canciones crecían, sonaban más grandes. ¿Hasta dónde iban a llegar? No lo sabía, pero mientras tanto, cada vez que pasábamos a buscar a un compañero más (ya que éramos el auto oficial que llevaba a los doctores), la volvíamos a poner y le subíamos a todo.

III

Al día siguiente conseguimos el teléfono de la casa de Robbie y nos pusimos de acuerdo: lo veríamos el lunes temprano en la disquera.

El edificio era bastante peculiar, nos llevaron a las oficinas del sello que estaban afuera del edificio, al fondo, a un lado de la bodega. En la puerta estaba colgado el logotipo hecho con unicel.

«Le pusimos Manicomio, porque hace muchos años este edificio era un manicomio», nos dijo Marcelo Lara. Él junto con

Robbie estaban arrancando lo que para muchos grupos sería la puerta de entrada al negocio de la música, y la ventana desde donde muchos nos escucharían. No teníamos ni idea en qué se convertiría todo esto, en una locura.

Cuando se dieron cuenta de que su casetera no funcionaba bien, nos llevaron a la sala de juntas del lugar. Después de saludar a algunas personas en el camino, nos sentamos a escuchar lo que le había mandado Toño un par de semanas atrás.

No traíamos más canciones, ellos escucharon *Humanos Mexicanos*, *Andamos armados*, *Maria's pop* (que no entró en el disco porque tenía un *sample* de los Beatles, y ellos eran *no-sampleables*), y *Justo N.*

«¿Trajeron alguna otra?», nos preguntaron.

Solo traíamos la pista de una canción más. Una canción que describía una noche de borrachera en Monterrey. Así que la pusimos. Y la comenzamos a interpretar así, sin más. Era lo más cercano a una audición que uno pudiera imaginar.

> *Este dolor de cabeza*
> *Yo no lo traía*
> *Todo me da vueltas*
> *¿Pero qué tal el tequila?*
> *Anoche estuvimos*
> *Con toda la raza*
> *Cerveza, tequila*
> *Volteando unas jarras.*

Era *Cheve*, la primera canción que compuse junto a Leche para Control Machete, él era uno de los tantos amigos que teníamos en la escena del *rock* en Monterrey, pero por alguna razón no la habíamos grabado aún. Lo curioso es que la canción contaba la historia de unos amigos consiguiendo cerveza y eso era lo que estaríamos tomando en un par de horas en el restaurante que estaba cruzando la calle, después de escuchar las canciones. Comimos, platicamos un poco más y nos despidieron.

«Nos encanta. Regresen a Monterrey y sigan haciendo canciones, nos las mandan en cuanto las tengan».

Pensar que casetes iban y venían por mensajería las siguientes semanas, con canciones inéditas, canciones que después sonarían por toda Latinoamérica.

Caminamos por las calles hasta que llegamos al centro de Coyoacán, y como todo centro de un lugar, tenía la casa de gobierno y una catedral. Entramos, nos persignamos, y le agradecimos a la virgen que nos estaba saliendo lo que habíamos soñado desde hacía unos meses atrás. Estábamos a punto de firmar un contrato, algo que no había sucedido aún para una banda en Monterrey.

¿Qué iba a pasar? Yo estaba en octavo semestre de mi carrera. ¿Debería esperar a terminar?

Muchas preguntas comenzaron a dar vuelta en mi cabeza: ¿Cómo podía decirle a mi papá que dejaría la carrera? Yo era el único en mi familia que no había conseguido una beca para entrar a la universidad, eso quería decir que mi papá había pagado la colegiatura completa por casi cuatro años.

Y yo iba a renunciar.

IV

¿A quién le tenía más miedo? ¿A mi papá o a la doctora que nos daba Neurología?

El día que llegamos al hospital y nos sentamos en el salón de clase, ella había entrado y dijo claramente: «De esta clase, solamente tres personas van a aprobar». Ella tenía fama de no pasar a casi nadie. Y conforme pasaban las semanas nos íbamos dando cuenta del porqué. No era que solamente ella decidía quién pasaba, sino que esta materia era demasiado difícil.

Había entregado mi examen final, y yo sabía que no me había ido muy bien, a pesar de haberme pasado toda la noche repasando y estudiando.

«¿Podría hablar con usted al final?», le dije mientras le entregaba el examen.

«¿Que necesitas Fermín?», me contestó.

«Quisiera hacerle una pregunta, quisiera saber su opinión acerca de algo», le dije. Había decidido que ella sería quien me ayudaría a tomar la decisión. Seguía pensando si era buena idea dejar la carrera y probar suerte con la música. Así que cuando todos habían terminado el examen, yo volví a entrar a esa sala de tortura.

«Me están ofreciendo un contrato para grabar un disco», le dije nerviosamente. La doctora imponía tan solo con la mirada y sus muecas.

«No sabía que usted hiciera música», me dijo.

«Sí, llevo algunos años haciendo música y nuestras canciones llegaron a algunas personas en una disquera en la Ciudad de México». Continúe: «Y yo me estoy preguntando si debería dejar la carrera, para probar en la música».

Yo sabía que había reprobado la materia, creía que si alguien me iba a decir la verdad sin tocarse el corazón era aquella que había entrado y amenazado a todos los estudiantes de que el 90 %

de su clase no iba a pasar su materia. Ella me podía decir si buscar una carrera en la música era una fantasía a la cual debería renunciar, o si era el camino que debía tomar.

Desde el escritorio me preguntó si no podía esperar a terminar. A lo que yo le dije: «Pues esto, que nos ofrezcan un contrato, no sucede comúnmente, de hecho, no pasa nunca, esta es una oportunidad única».

Lo recuerdo perfectamente. Se puso de pie y me miró a los ojos diciéndome: «Señor Fermín, vaya y pruebe, si acaso no funciona el hospital seguirá aquí, y yo seguiré aquí, no nos vamos a ningún lado. Si no funciona usted regresa el próximo año».

Claro, tendría que tomar de nuevo su clase. ¿Ahora qué hago?

No solo le tenía que decir a mi papá que había reprobado Neurología, sino que quería dejar la carrera para probar suerte en la música.

V

«Kuachorcor», me dijo la Pina. Por alguna razón nos decíamos unos a otros así, él era amigo mío desde la infancia y ahora estaba en medicina conmigo. «Entonces ¿no vas a regresar el próximo semestre?».

Mi respuesta fue sencilla: «No lo sé, tengo que hablar con mi jefe», dije en referencia a mi papá.

VI

Casi se infarta mi papá. No lo podía creer. Algo que le pesaba mucho era que él no había tenido la oportunidad de ir a la universidad, por eso, que todos nosotros tuviéramos una carrera universitaria, lo había convertido en su objetivo.

El que yo estuviera en Medicina le llenaba de orgullo. Él tenía sus planes desde que yo era pequeño. Soñaba con mandarme a estudiar a Francia, a la Sorbona en París. Por eso desde la adolescencia me metió a la Alianza Francesa. Eran años de planeación, de esfuerzo, de llevarme por las tardes enfrente del auditorio de San Pedro a la Alianza Francesa para que aprendiera francés.

Yo no lo aproveché, en realidad mi papá me dejaba en las escaleras que conducían a los salones, pero cuando veía que él se había ido, me salía a jugar maquinitas al centro comercial que estaba a una cuadra de ahí.

Ahora estaba a punto de irme, no a jugar maquinitas, pero sí a jugar a hacer música. O al menos esa era la manera en que lo veía mi papá. Él no veía un futuro para mí en la música. De hecho, la música para él no tenía la importancia que tenía para mí.

«Te voy a hacer firmar un contrato donde diga que si la música no funciona vas a regresar a la carrera», me dijo bastante enojado. «Yo no te quiero de vago en la casa, sin hacer nada».

Ahora lo entiendo, mi papá siempre quiso lo mejor para sus hijos, su esfuerzo y sacrificio diario trabajando en el banco eran su forma de decirlo.

«Tú vas a ser lo que yo no fui y vas a tener lo que yo no tuve».

No firmé nada con mi papá.

Pero sí firmé un contrato de tres discos en tres años con Polygram. Yo no tenía idea de lo que estaba haciendo. No dimensionaba lo que eso significaba. Por un lado, si ellos quieren firmar por tres discos significa que puede que los primeros dos discos no sean buenos, no tengan el éxito esperado, pero estaban dispuestos a grabar otro para alcanzarlo.

Así que allá vamos de nuevo al Distrito, a firmar. Todavía recuerdo que cuando le dije a mi Papá qué estaba sucediendo, se alteró demasiado, él sabía que estaba avanzando, pero no se imaginó que era el momento de dar el paso completo.

«No firmes nada, mándame una copia para revisarlo», me dijo por el teléfono.

Así que le mandé una copia del contrato por fax, creo que él mismo se lo envió a un amigo suyo que era abogado para que lo revisara, pero en realidad no iba a detenerme aun si él me dijera que esperara. Yo tan solo pensaba que no iba a tener una oportunidad así si la dejaba pasar. Estábamos cautivados. Y los de la disquera nos estaban convenciendo.

Después de la firma fuimos a dos lugares, el primero a comer, en un lugar de comida mexicana justo enfrente de la disquera. Ellos pagaban, nosotros disfrutábamos. Tomamos hasta ponernos como en una buena fiesta.

«Por muchos éxitos, discos y giras», dijo Robbie levantando su botella de cerveza.

Todos al mismo tiempo dijimos: «¡Salud!», chocando las botellas.

En ese momento me fui al baño, después de trastabillar un poco llegué a la puerta. Era un baño pequeño, apenas tenía una luz en la pared justo a un lado de la puerta. En cuanto la cerré y le puse llave, mi rostro quedó justo frente al espejo. Estaba enrojecido, ahora sí que estaba feliz, un poco mareado y con los ojos brillosos. No pude evitar mirarme y decirme: «¿Qué estás haciendo Fermín?».

En cuanto dejé de verme, me contesté. Era claro. Estaba consiguiendo lo que muchos querían, una carrera en la música. Nada aseguraba que nos fuera bien, no había manera. Teníamos ahora el respaldo de una disquera y se veían emocionados con nosotros. Pero, aun así, no estaba asegurado.

Unos meses después estábamos grabando el disco, y los meses iban pasando. Mi papá no dejaba de preguntarme: «¿Cuándo sale el disco?».

Yo solo le contestaba: «Dicen que el próximo mes». Pero el plazo llegaba y no pasaba nada. Hasta que mi papá me preguntaba una vez más.

El tiempo se acababa, mi papá me había puesto un ultimátum. Y no sabía cuánto iba a aguantar, que se aplazara. Los tiempos en el negocio de la música dependen de muchos factores, y más en aquellos tiempos. Habíamos escuchado de bandas que grababan el disco, lo mezclaban y masterizaban, tan solo para quedarse «enlatado». Así le llamaban cuando la banda se quedaba sin nada después de haber invertido todo.

Estaba invirtiendo todo. Estaba apostando a la música. Estaba arriesgando el futuro. Por lo menos en la carrera, al terminarla, podía quedarme como médico general, comenzar a dar consulta, quizás especializarme. Tenía más posibilidades, pero ahora estaba esperando.

Tomé la oportunidad, la única oportunidad que tenía de destacar haciendo lo que más me gustaba.

Un día mi papá me llamó. Yo no tenía muchas ganas de contestar. Sabía que una vez más me iba a preguntar. Intenté evitarlo. Pero al final tuve el coraje y recibí la llamada. Estaba gritando: «¡Güero! ¡Güero! Escucha…». Iba en el carro junto con mi hermana, y se había quitado el teléfono de su oído y lo acercó a las bocinas.

«¡Están tocando tu canción en la radio!», gritaba emocionado. Era en FM, en una radio muy conocida. «¡Están tocando tu canción!». Se escuchaba demasiado emocionado.

Habíamos ido a un par de programas de radio, pero eran programas especializados de *rock* o música alternativa. Incluso había ido con mi banda anterior a poner mis canciones, pero esto era distinto. Era la radio que escuchaba mi hermana, donde escuchaba a sus artistas favoritos. Y habían programado *Comprendes, Méndez*.

Por lo menos mi papá ya estaba viendo que lo que habíamos firmado sí estaba dando resultados. Se sentía como si algo viniera, algo se aproximaba. Como cuando ves que las nubes se juntan en el horizonte, pero no sabes si será una lluvia tranquila o se avecina una tormenta.

No lo sabes hasta que está encima tuyo.

CAPÍTULO 5

No sé a dónde iré si me muero hoy

Fama ya tenía, pero nadie lo sabía
Estando solo, me preguntaba, frente al espejo
¿qué era lo que sucedía? ¿quién era?
Y ¿a dónde iba?
Y sucedió lo que más temía
La muerte a mi familia visitaría
Y la eternidad se hizo tan real
¿Dónde está? ¿A dónde fue? ¿A dónde voy?
Si la muerte viene hoy
¿Despertaré? O ¿Dónde estaré?
¿Será suficiente lo que soy
para estar frente a Dios?
¿Será?
Mi vida comenzó,
Fermín IV, 2014

I

1987

Mi papá entró a la casa y se veía realmente trastornado. Llegó corriendo y nos pidió que todos nos reuniéramos en su recámara.

Nunca había hecho algo así, mi familia no era de tener reuniones familiares donde se decidieran cosas importantes, mi papá la llamaba una democracia dirigida. Sí, él tomaba todas las decisiones.

Así que no nos imaginábamos qué era lo que nos iba a decir. Cuando entré a su recámara, él estaba llorando. En sus ojos se veía que no había comenzado a llorar recién, quizás llevaba algunas horas llorando. Le costaba trabajo comenzar a hablar, su voz se entrecortaba.

Creo que, por eso, decidió arrancar con un padre nuestro.

«Padre nuestro que estás en los cielos, santificado sea tu nombre…» comenzó. Todos nos unimos a su oración, era una oración que conocíamos y que no muchas ocasiones usábamos, pero sí la recitábamos. Mis papás me llevaron a la Iglesia de Fátima mientras era pequeño. Estar sentado en las bancas es un recuerdo que yo tengo muy presente.

Cuando terminamos, él pudo decirlo por fin: «Don Fermín acaba de fallecer». Alguna vez escuché que muchos se preparan para vivir, pero nunca se preparan para morir, creo que es cierto, aunque a veces siento que ni preparándose para vivir, vivimos bien y si ni siquiera sabemos hacer eso, menos sabremos morir.

No recuerdo en mi familia otra muerte previa a esta. No entendía mucho, a mi abuelo Fermín lo veíamos pocas veces. Mi papá fue criado en Marín, Nuevo León, pero desde la secundaria se había trasladado a la ciudad de Monterrey, donde estudió hasta la preparatoria.

Lo veíamos en Navidad o el Año Nuevo cuando, junto con todos mis primos, lo visitábamos. Así que fue a Marín, Nuevo León adonde fuimos a despedirlo. En la parroquia del pueblo, blanca y fría, llena de bancas y, al frente, en el centro, frente al altar, un féretro.

Yo no sé por qué, pero en el momento que comenzó la misa me solté a llorar y no podía controlarme. A esta fecha no tengo una razón de por qué me puse de esa manera, solo recuerdo que era un sentimiento que no se podía apagar, sé que mi mamá intentaba tranquilizarme, pero no había nada que lo hiciera. En el momento en que se acabó la ceremonia, dejé de llorar. Así, solo lo dejé de hacer. No tengo ningún recuerdo de una conversación con mi abuelo Fermín, lo recuerdo en su mecedora, sobre la banqueta en la esquina de su casa. Lo recuerdo con sombrero, siempre con sombrero. Lo recuerdo como un viejo. Un señorón.

¿Qué me hizo llorar tanto? Hace algunos meses, hablando con mi hermana Martha me dijo que ella recordaba eso, mi llanto.

¿Qué sucede en el corazón del que se queda cuando uno parte?

II

1992

Las herramientas de Pepín, que estuvieron presentes en la cocina de mi casa por varias semanas, y la alacena inconclusa, eran un recordatorio constante de lo que había pasado.

De un día para otro Pepín no regresó.

«Seguramente se quedó dormido», dijo mi papá.

Pepín, amigo de mi padre, era uno de los «secuaces» del padre Elíseo (así les llamaba mi papá a aquellos que habían sido ayudados por el padre Elíseo). El padre Elíseo había criado a mi papá. Prácticamente lo recibió ante el rechazo de su madrastra. Su mamá había fallecido cuando él tenía tan solo cuatro años. Como aún era un niño, al morir ella, dormía en la cama con su papá. Cuando llegó la nueva esposa de mi abuelo, Leonor, mi papá fue desplazado.

Así que el padre Elíseo fue el que animó a mi papá a seguir estudiando, incluso le pagó la secundaria, pero tenía que venir a Monterrey para cursarla.

Si lo pienso hoy, hay mucho que agradecerle al padre Elíseo, sin él, quizás mi papá se hubiera quedado en Marín, y no hubiera conocido a mi mamá. No hubiera progresado como lo hizo; de trabajo en trabajo, mi papá se ganó un lugar en el banco.

Pero con el paso del tiempo el padre Elíseo fue movido de parroquia, ahora estaba en San Pedro Garza García donde vivíamos. Y así como a mi papá, él había ayudado a otros, ellos eran los «secuaces».

Se reunían cada domingo, se echaban sus cervezas. Entre ellos estaba Pepín, no sé si se dedicaba a la carpintería, pero mi papá le pidió que le pusiera puertas de madera a la alacena de la cocina. Sus herramientas estuvieron en el piso de la cocina por meses, no recuerdo que hayan ido por ellas.

Mi papá recibió una llamada en casa, en la madrugada, alrededor de la una de la mañana. Siempre es extraño cuando alguien llama tan tarde. Mi papá estiró la mano al auricular y levantándolo dijo: «Bueno, sí… sí lo conozco. ¿Qué? Voy para allá». Se escuchó a oscuras en su habitación.

El teléfono de mi casa lo encontraron en el bolsillo de la camisa de Pepín. Se había impactado contra un camión de la Comisión Federal de Electricidad, estaban reparando una luz mercurial, uno de esos postes enormes que tienen numerosas lámparas, camino a San Nicolás. Nunca supimos si tenían señalizaciones de que estuvieran trabajando, si las hubieran tenido quizás lograba esquivarlos, pero el impacto fue tan fuerte que murió.

Es por eso que mi papá dijo: «Yo creo que se quedó dormido».

III

En cuarto año de primaria me conocían como el desmayado. Sí, fue épico, fue muy recordado. Era el primer día de clases y estábamos en honores a la bandera. Tú sabes, formados en líneas, después de tomar distancia. El patio de la escuela estaba lleno. De por sí, el primer día de clases trae mucha presión en sí mismo, volver a ver a tus amigos, saber en qué salón te había tocado y qué compañeros nuevos había. Era suficiente.

El sol estaba pegando fuerte, clásico en Monterrey. No sé si desayuné o no, solo comenzaron a parpadear luces a mi alrededor, a donde fuera que fijara mis ojos las veía, luego empezó a ponerse todo gris, hasta que perdí el conocimiento.

Mientras caía empujé al que estaba frente mío.

Cuando volví a abrir los ojos estaba afuera de la dirección, me despertaron poniendo un poco de alcohol en la nariz. Estaba a un lado del pasillo principal, por donde pasaban todos los alumnos para subir las escaleras hacia los salones. Es ahí donde lo escuché por primera vez, entre risas: «Mira, el desmayado de cuarto».

Llegar al salón, después de que estaban ya todos sentados, era enfrentar de nuevo las miradas, las miradas de todos. ¿Por qué le daremos tanta importancia a cómo nos ven? Vemos rostros y sin que digan nada, escuchas voces dentro de ti, palabras llenas de burla y sin sentido.

Sí, llegó el desmayado de cuarto, pensé.

El maestro intentó disimular un poco, tratar de limpiar el ambiente de lo extraño que estaba, y al verme en la puerta dijo: «Pasa, ahí está tu escritorio». Mientras caminaba al escritorio, él estaba buscando la lista de asistencia y continuó: «Tú eres Fermín... ¿Fermín Iv?».

Sí, lo dijo así: i latina y v corta, «iv», como si fuera a decir Iván, pero sin terminar la palabra. Esto ya me lo sabía, era el primer día de clase y todos los maestros, sin excepción, al llegar a mi nombre no sabían qué era lo que decía. Y era cuando preguntaban.

«¿Es número romano? ¿Cuarto?». En ese momento levantaban la mirada, y me miraban con cara de pregunta, esperando que yo les diera una explicación.

«¿Que significa eso? ¿Ese es tu nombre? ¿Fermín Cuarto?».

Y tenía que comenzar la explicación mientras todos se volteaban a mirarme. Si un nombre se fijaba en la memoria de todos, ese era el mío.

Mi mamá casi mata a mi papá cuando vio que me registró con ese nombre en el acta de nacimiento. Y como mi apellido paterno es Caballero, todos estaban poniendo atención, esperando decir: Presente.

«Sí, soy el cuarto Fermín. Mi bisabuelo se llamaba Fermín, mi abuelo se llama Fermín y mi papá se llama Fermín. Yo soy el cuarto».

Qué manera de ser conocido en el primer día de clase, era el desmayado de cuarto, era Fermín IV, y yo por dentro, me quería morir.

Cuando intento abrir el pupitre, para guardar mis útiles, la tapa se cae hasta el suelo. Eran esos pupitres que la superficie se levantaba para descubrir un espacio donde guardar libros y libretas. De madera, donde el escritorio estaba pegado al asiento. No podía ser peor. Mi primer día en cuarto de primaria.

El maestro solo dijo que en la semana iban a venir a repararlo, pero los días pasaron y el de mantenimiento nunca hizo su trabajo.

Un par de meses más adelante, regresando del fin de semana, el maestro dijo de una manera muy sombría, que tenía una noticia que darnos. Todos nos volteamos a ver y faltaba uno de nuestros compañeros. Su escritorio estaba vacío.

«Lamento decirles que Gerardo no va a regresar, el viernes pasado falleció, tenía un aneurisma y no pudieron hacer nada por él». En cuanto terminó de decirlo, fijó su mirada en mí. Abrió su boca inmediatamente y me dijo: «Fermín, puedes ocupar su escritorio».

No habíamos terminado de digerir la noticia de la muerte de un compañero, cuando todos estaban mirándome mientras sacaba mis cosas del pupitre, con la tapa recargada en la base, sobre el suelo. Comencé a escuchar murmullos, mientras me pasaba al escritorio del «muerto».

IV

Don Teófilo Elizondo era un hombre muy serio, de poca estatura, pero con unos ojos color azul profundo. De pocas palabras, pero de muchos talentos. Todos le decíamos: güelito. No sé si fue porque no lo podíamos pronunciar, pero así conocíamos a los abuelos, como «güelita y güelito».

En el patio, mi abuelo tenía un centro de trabajo, era un mueble que tenía una pesada tapa que escondía lo que para mí eran tesoros. Ahí dentro tenía todos los instrumentos con los que hacía sus propios curricanes (señuelos).

Tomaba un trozo pequeño de madera y le iba dando forma. Le ponía color, colores llamativos y le fijaba los anzuelos, anzuelos de tres puntas. Con ese tipo de anzuelo aseguraba que al picar el pez no tuviera manera de soltarse. Los metía en una caja para pesca y los llevaba cada vez que íbamos al rancho.

Él fue el que me enseñó a hacer nudos, y muy de mañana, cuando aún no salía el sol me despertaba. El lugar donde dormíamos estaba a unos cien metros de la presa, me daba las cañas de pescar, mientras él llevaba en una mano la caja de curricanes y en la otra su linterna iluminando el camino.

No decía nada, al llegar a la orilla, hacía que me subiera al bote, él empujaba para que comenzara a flotar y nos introducíamos hasta el centro de la presa. No eran presas muy grandes, era el rancho de un amigo de mi papá, de don Segundo. Tenía y criaba reses, y había hecho tres presas con las que regaba sus campos y de donde bebían los animales. Pero había «sembrado» mojarra, carpa y algunas lobinas, e invitaba a mi papá los fines de semana. Mi papá llevaba a su suegro y a mí.

Me enseñó a quitar con una pinza el anzuelo del pescado, a ensartarlos en una cadena porta peces para mantenerlos vivos, yo me los llevaba cargando de regreso a la cabaña, me costaba trabajo cuando eran más de siete pescados, en ocasiones llegaban empanizados de polvo. Me enseñó a limpiarlos.

V

Años después mi abuelo enfermó de cáncer de próstata. Ya no podía acompañarnos a pescar. Se la pasaba en su casa mientras yo comencé mi carrera en la música. No sé si él se enteró de lo que yo hacía. Para ese entonces estábamos haciendo giras por toda Latinoamérica. Era el año 1998, una época en que la comunicación no era como lo es hoy. No había celulares, el internet no era accesible como ahora. Si alguien me quería contactar desde casa, era realmente difícil.

Así que, cuando salimos de una entrevista en una radio de Buenos Aires y me dijeron que mi hermana había llamado a las oficinas de la disquera, pidiendo que en cuanto pudiera me comunicara a casa, resultó muy extraño.

Aún no terminaba la gira de promoción ese día, así que tuve que esperar hasta llegar al hotel, a un lado del hotel había una cabina telefónica. Entrabas a una cabina y a través de una operadora, ya sea que pidieras una llamada por cobrar o la pagaras en ese momento, le dabas el número y te comunicaban.

Cuando escuché la voz de mi hermana Ale contestando, diciendo «Bueno», le pregunté: «¿Qué pasó? Me dijeron que me llamaste por la tarde».

«Güelito murió». Fue lo único que dijo.

Yo no sé si era la poca madurez que tenía en las otras ocasiones, pero esta vez fue muy distinto. No fue el llanto incontrolable como en Marín, no fue lo extraño que producía ver la herramienta que se quedó en mi casa por meses, no era la sensación de ocupar el lugar de alguien que había muerto. Esas palabras encontraron en lo profundo de mi ser una sola pregunta.

¿Dónde está? ¿A dónde fue? Eran las preguntas de flotaban en mi cabeza. *Tiene que estar en algún lugar, no puede desaparecer y nada más.*

Me encerré en mi habitación, hice lo que regularmente hacía, prendí un porro y me puse a fumar. No tengo idea si fue un alucine mío, pero algo se reventó dentro de mí, es como si hubieran abierto una puerta que había permanecido cerrada todo este tiempo. No me había cuestionado esto antes.

No sé si fue el vínculo que tenía con Don Teófilo, si me daban nostalgia esas caminatas hacia la presa, solo él y yo. Lo que me enseñó. No lo sé. Pero no podía aceptar que güelito dejara de existir. Tenía que estar en algún lugar. El problema era que yo no sabía dónde estaba.

Comencé a pensar que no solo él, sino todos los que habían muerto tenían que estar en algún lugar. No me preguntes por qué, pero a mi mente venía Benito Juárez. Yo creo que solo era porque sabía que era un personaje histórico, que había hecho cosas importantes, pero que habían pasado ya muchos años de su existencia. ¿Su existencia? *No, él, Benito Juárez, también tiene que estar en algún lugar*, yo pensaba.

Esto no puede ser todo. Tiene que haber algo más. Entonces fue cuando la pregunta se volvió personal. La pregunta cambió de «¿Dónde está güelito?» a «¿Dónde estaré yo si esta noche muero?».

Habían pasado algunos meses desde la primera vez que pisé una iglesia cristiana, y tenía en mi maleta una Biblia que me había regalado mi novia. Pero no sabía ni cómo buscar ni dónde encontrar respuesta a mi pregunta.

No tenía respuesta. Pero ahora se repetía una y otra vez la pregunta.

> *Ah, ¿qué quieres hacer?*
> *Del inicio a la meta existen problemas comunes*
> *Preguntas y respuestas revueltas*
> *Cuestión de ver la correcta*
> *Ileso*, Control Machete, 1999

Si te mueres hoy Fermín, ¿a dónde irías?

Si te mueres hoy, no puede terminar todo, vas a seguir existiendo, pero ¿dónde?

Si te mueres hoy. ¿Si me duermo y no vuelvo a despertar?

Me acercaba al espejo dentro del baño de mi habitación. Y fijaba la mirada en mis ojos. Y las preguntas se multiplicaban exponencialmente. Una tras otra.

¿Quién eres?

¿Qué eres?

¿Qué haces aquí?

No era posible ir a casa, había compromisos que tenía que cumplir, si acaso regresaba, no era un viaje de unas cuantas horas, serían días para ir y venir. No recuerdo, pero creo que ni lo planteé. No pregunté: ¿puedo ir a casa?

Yo no estuve en el funeral de mi abuelo, cuando regresé a casa a visitar a «güelita», lo primero que me dijo fue: «Anda, m'ijo, ve al cementerio a visitar a güelito»

Yo solo le contesté: «Ahí no está güelito; no está ahí».

Pero tampoco sabía dónde estaba. Yo no vi cuando cerraron la puerta del féretro cuando murió mi abuelo, pero su muerte abrió una puerta que no iba a ser fácil cerrar. La puerta a la eternidad se había abierto y entró con toda su fuerza el miedo, el terror. Morir me daba terror. Cerrar los ojos en la noche sin estar seguro de volverlos a abrir me esclavizaba. Mejor me quedaba despierto hasta que ya no podía más.

No quería morir, me aterraba morir, porque no sabía a dónde iba a ir si sucedía.

La muerte me tenía como su esclavo. Me dominaba. Me quitaba el sueño, se robó mi paz.

Todos vamos a morir, pero yo no estaba preparado, yo no sabía morir.

Yo no quería irme a dormir, me daba terror cerrar los ojos y no volver a abrirlos en la mañana.

Un día me quedé helado, solo veía mi reflejo
Veía en mis ojos intentando ver lo que hay adentro
Me cuestionaba todo y había demasiado miedo
La muerte se acercó tanto que sentía yo su aliento
¿Qué es esto que estoy viendo? ¿Es producto de mi imaginación?
¿Cómo saber quién soy, de dónde vengo y a dónde voy?
Pasaba de lo incomprensible, ideas invisibles
Del llanto a la risa, de lo terrenal a lo sublime
Sé que lo que percibo solo es materia
Pero quiero ver más allá
Lo que veo puedo palparlo solo es materia
Puedo sentir que después de esto hay algo más

Espejo, Fermín IV, 2019

VI

2003

«Hay diferentes cristianos, ¿no?», me preguntó mi papá acostado en la cama del hotel en Saltillo. Había venido a verme en un concierto en la plaza de Saltillo. Y me estaba cuestionando acerca de mi conversión. Hablaré de esto más adelante.

Yo intentaba explicarle que asistía a una iglesia que se llamaba: Semilla de Mostaza. Pero él me preguntaba cómo nos decían, yo solo le decía: «pues cristianos, Pá».

Pero entonces él me dijo: «Pero hay bautistas y metodistas...
y...».

Entonces yo le seguí: «Sí, Pá, hay bautistas, pentecostales,
metodistas, presbiterianos...».

Cuando dije presbiteriano, él me interrumpió de repente.

«De esos era tu abuelo, tu abuelo Teófilo».

Yo no lo podía creer, abrí mis ojos muy grandes. Sé que se
sorprendió porque comenzó a explicar, recordándome cómo mi
abuelo había nacido en Texas. Que su mamá estaba en China,
Nuevo León. Que se quedó en Nuevo León porque no lo dejó
regresar su familia, no quería que fuera a la guerra. Pero que él
se acordaba de que él era presbiteriano.

«Pero, pues, se casó con tu abuela y comenzó a trabajar de
chofer de autobús en la escuela de monjas», me dijo.

Yo no le hablé a mi abuelo de Cristo. No lo había entendido
claramente yo mismo. No sabía cómo hablarle de Él. Pero ese día,
en ese hotel de Saltillo, quedé en paz, sabiendo que Don Teófilo
había escuchado el evangelio.

VII

Mi miedo a la muerte se prolongó por varios meses, hasta que
conocí al que venció a la muerte con Su muerte.

Hoy no tengo miedo de morir.

Porque sé a dónde voy.

CAPÍTULO 6

Yo soy el control

Yo no dependo de nada, dependo de aire,
Y mientras haya aire, aquí estaré luchando
Representando,
a los que han tomado y tomarán
en su mano el machete
ILESO, CONTROL MACHETE, 1999

I

Perú

1997

«Yo», respondí con mucha seguridad.

En el mismo momento en que lo dije, sentí la mirada de los demás sobre mí. La cabina era pequeña, apenas cabíamos los tres junto al locutor. Él solo bajó la mirada para ver la siguiente pregunta en las notas que tenía enfrente, tardó en formularla. Estábamos al final de una entrevista de radio en Lima, Perú. Veníamos directo del aeropuerto y estábamos muy cansados.

«Les tengo unas preguntas rápidas, contesten con lo primero que les venga a la mente», nos había dicho unos momentos antes.

Cuando lo escuchamos, nos volteamos a ver, como para ponernos de acuerdo sobre quién iba a contestar esta sección de la entrevista.

«Solo digan lo que primero venga a su mente, ¿listos?», dijo el locutor.

«México», dijo.

«Mi país, mi patria», contestó uno de los tres.

«Monterrey», siguió.

«Mi casa, mi raza... la ciudad de las montañas».

«Rap», preguntó.

«La forma fonético vocal para expresar lo que sentimos».

«Hip Hop».

«La cultura que involucra el rap, el DJ, el grafiti y el *break dance*. Perdón, dijiste una sola palabra, entonces diría: Cultura».

«Control Machete» dijo, y mientras levantaba su mirada, sin dudarlo, contesté: «¡YO!».

Ahora su mirada era de incredulidad, no lo podía creer.

¡Cuánta soberbia de mi parte!

Cuando lo recuerdo, lo puedo ver, pero en ese momento no lo podía ver. Estaba ciego, ¿quién me creía yo? ¿Por qué contesté así? Lo peor de todo es que lo creía, dentro de mí no había duda, lo dije así, fríamente, pero por dentro pensaba: «Sí, yo soy el control».

Yo no sé si esta era la manera en que salió toda la presión acumulada, como una olla de presión que explota en una cocina, era como si mi orgullo hubiera explotado en sus caras, manchando por completo todo a su alrededor. El mismo locutor tan solo agachó la mirada para seguir con las preguntas. Yo creo que por dentro estaba pensando: *esta banda necesita ayuda*.

Cuando lo dije, no solo estaba viendo esa cabina a mi alrededor; estaba viendo mi infancia, mi incapacidad de responder ante las burlas, mi miedo de ser humillado en el recreo, la espalda pegada a la pared del salón, el frío atravesando mi suéter... era el

conjunto de tantas cosas, era decirle en la cara a todos aquellos lo que nunca pude decir, pero lo pensé: «Un día sabrán quién soy yo».
¿Quieres saber quién soy yo?
Yo soy el Control.

II

Dos años antes...

Enrique y yo nos mirábamos y no lo podíamos creer. Estábamos en un estudio de grabación, las paredes cubiertas con paneles sonoros, la habitación con la iluminación a media luz. Tenía una libreta y una pluma en mis manos y la base que sonaba a todo volumen en las bocinas te hacía mover el cuello, era como decir Sí un montón de veces y la sonrisa no se borraba de nuestra boca.

No hacía mucho tiempo nos la ingeniábamos para hacer nuestros propios ritmos en casa y en lo absoluto sonaba como esto. Yo tenía una doble casetera y algunos instrumentos musicales. Lo que hacíamos era grabar una y otra vez la misma parte de una canción vieja, y al hacerlo crear un bucle, ese casete grabado lo convertíamos en nuestra base y con la entrada de micrófono conectábamos un bajo, y grabábamos una línea. Y volvimos a hacer este proceso hasta incluir el ritmo con un teclado y algunos otros sonidos. Al final cuando grabábamos la voz, la calidad de la base era muy mala. Pero nos sentíamos DJ Perk y MC Caballero.

Ahora era de verdad, aquello que había atraído a Enrique a la música rap, estaba sonando en las bocinas, el ritmo, los sonidos, los arreglos, cada detalle se escuchaba en la base. Y yo tenía la oportunidad de demostrar que lo podía hacer. Hacer rimas era lo que me gustaba, acomodar las palabras, colocarlas en la métrica y decir algo. Eso me apasionaba.

«Me voy a quitar esto», dijo Enrique, mientras se levantaba del sillón en donde estaba y se quitaba el saco blanco y la corbata.

Veníamos del hospital después de pasar toda la tarde y parte de la noche en urgencias. Sí, nos emocionaba ver una radiografía e identificar la fractura en el hueso, pero más nos emocionaba estar aquí.

«Oye», le dije, «cómo se escucha: *Inhala, todo empieza de nada, como si tuvieras un kilo...*». Se lo leí, o más bien lo interpreté junto con la base.

«Está bueno, suena con má...», me dijo emocionado.

«Pero no sé si usar la palabra "ensalada"», le dije, «rima, pero ¿será? ¿Ensalada?».

El grupo que más nos gustaba, Cypress Hill, tenía canciones que hacían una oda a la marihuana, y en ese tiempo nos la pasábamos escuchando su último disco: III (Temples of Boom). El álbum arrancaba diciendo: «*Once again the powers of the Herb open up the mind*». Eso quiere decir, más o menos: «de nuevo los poderes de la hierba abren la mente». Y la canción que estaba escribiendo en esta ocasión se trataba de fumar mota.

No, nunca habíamos fumado marihuana, pero como Cypress rapeaba del tema, yo quería hacer un tema así. Tenía que escribir algo como eso. Eso lo hacíamos desde aquellas tardes, escuchábamos una canción de un grupo nuevo y nos íbamos a hacer una canción similar. Sonaban a 2 Live Crew, a Snow, al General, incluso había una que se parecía a los Beastie Boys donde nos alternábamos para rimar como lo hacían ellos.

Había encontrado unas páginas vacías en una vieja libreta de bioquímica que tenía, de unos semestres atrás, y entre tachones, correcciones y demás, se iba formando mi verso de *Son Divo*. La música estaba en repetición y llevaba cerca de 40 minutos sonando, cada uno estaba clavado en su propia rima. En ocasiones probábamos el verso en voz alta, para ver cómo se sentía. Yo estaba en las últimas líneas.

«Checa —le dije a Enrique—: "Siente el ritmo, pásame el cerillo, yo sé que se puede clavarle el colmillo". ¿Cómo lo ves?», le pregunté.

«Está buenísimo», contestó.

«Pero, ¿"clavarle el colmillo"? ¿Suena bien?».

«Claro, cuando ya nada más te queda la colilla y quieres terminártela, la agarras de la mera orilla, claro... es como ¡clavarle el colmillo!».

Enrique me había visto escribir rimas desde que comencé, generalmente era el primero en escuchar mis versos. Aún el día de hoy, sigo enviando primero a él las nuevas canciones que hago.

III

Agosto
1996

Coincidió el día, eso fue. Una coincidencia. Mientras Enrique se preparaba para ir al hospital a iniciar el nuevo semestre, yo estaba alistándome para ir al estudio.

Esta vez no me estaba vistiendo de blanco, el traje de médico estaba guardado. La noche anterior habíamos ido los tres, Pato, Toño y yo, a recoger a Jason Roberts al aeropuerto. No sabíamos

a quién estábamos esperando, no teníamos ni idea cómo era físi-
camente. Estábamos afuera en la sala de espera con un letrero
que decía su nombre, literal.

No puedo negar que en mi mente tenía que ser un negro
enorme. ¿Por qué? No lo sé, habíamos visto su nombre en los
créditos de los discos que nos gustaban, todos los del sello Soul
Assassins. Habíamos contactado a través de la disquera, a los que
distribuían sus discos, sí, preguntamos por DJ Muggs, responsable
de todos los ritmos de Cypress y de clásicos como *Jump Around*
de House of Pain. Pero nos dijeron que él no estaba produciendo
nuevos grupos. Así que dijimos: «El que sigue: ¿quién es el ingeniero de audio?». Jason Roberts. Después de sorprendernos de
recibir a un güero, nacido en Buffalo, New York, que se mudó
a Los Ángeles en 1988, nos fuimos a los tacos. ¿A dónde más
podíamos llevarlo?

Éramos demasiado ingenuos, porque después de haber pedido,
le preguntamos: «¿Has comido tacos?».

El güero solo respondió: «Vivo en Los Ángeles, ¡*of course!*».

Camino al estudio nos dijo: «Tengo unos ritmos que quiero
enseñarles, a ver si les gusta alguno».

Tan solo nos emocionamos por dentro, sin saber que estaríamos escuchando el mejor ritmo, el ritmo que le daría la vuelta a
toda Latinoamérica, por el cual nos conocerían y haríamos gira
por todos lados. El ritmo de *Comprendes, Méndez*.

En el momento en que sonó el bajo deslizándose, haciendo
ese *slide* y entró el sonido de la trompeta, bueno… estábamos
extasiados.

Yo solo por dentro pensaba cómo sonaría mi voz sobre ese
ritmo, parecía un largo camino de cuando estaba haciendo mis

propios ritmos en la bodega de mi casa, ¡y ahora tenía la oportunidad junto a Pato de hacer rimas sobre esto! Era demasiado, tanto el sonido, como el *groove*, la base, todo era perfecto. La escuchamos de principio a fin, solo viéndonos a espaldas de Jason. Él no nos estaba viendo, pero nosotros estábamos brincando literalmente.

«¿Quieren usarlo? ¿Escribir unas rimas con él?», nos preguntó en inglés.

«*Yes!*», tan solo respondimos. «¡Claro que sí!»

Nos quemaron un CD y con una grabadora nos sentamos en la cocina a escribir.

¿Qué se puede escribir sobre el ritmo más impresionante que has escuchado? ¿Qué historia contar? ¿Qué queríamos decir?

Tan solo nos pusimos a escribir, estábamos en una etapa donde cada canción nueva que hacíamos nos gustaba más y sentíamos que era mejor que la anterior. Así que todo lo que habíamos crecido escribiendo, e interpretando, lo soltamos en unos cuantos versos. Así, solamente salió, fluyó en un par de horas. Una canción que no existía estaba lista en media mañana.

Cuando llegamos con nuestros versos al cuarto de control del estudio, estaban pensando en dónde grabarla. No había más cinta. Y no había presupuesto para comprar otra. De hecho, iba a ser difícil conseguir otra cinta, ya teníamos tres.

IV

La canción no estaba dedicada a alguien en particular, era tan solo jugar con la idea de escribirle a alguien acerca del lugar que ahora teníamos, no era un *beef*, o una tiradera, esas rimas que le escribes a otro rapero ofendiéndolo para que él después grabe su contestación, una especie de batalla personal con rimas, como se acostumbra en el rap. Tan solo le escribíamos a alguien, intentando darnos a entender. El sonido de mi voz había madurado a las primeras canciones que hicimos.

La frase «Comprendes, Méndez» hacía referencia a un dicho popular que muchos conocen, pero en realidad dice: «¿Me entiendes, Méndez, o te explico, Federico?».

Comúnmente lo dice uno cuando después de explicar algún asunto, la persona pareciera no entender lo que acaba de escuchar. Es simplemente eso, pero funcionaba muy bien para un tema. Conectaba rápidamente con el que escuchaba. Era sencillo. La mezcla de las dos voces encajaba perfecto. Sobre todo, en el coro.

Había algunos raperos que yo escuchaba y admiraba y que influenciaban el tono y la cadencia de mi interpretación, entre ellos Busta Rhymes y Mystical. Sentía que podía jugar con mi voz y hacerla sonar más interesante, arrastrando las palabras. En una línea o compás, en lugar de utilizar doce o trece sílabas, usé tres sílabas solamente, dejando ganchos o *hooks* que atraparan al que está oyendo.

Hasta el día de hoy la tercera línea de mi primer verso es la que más se escucha en la voz del público en un concierto, ese *¡Haaaaaarto estoy!*

Era lo último que escribimos, así que sentí que era la oportunidad de rendir homenaje a los grupos de donde proveníamos cada uno de nosotros.

Mi último verso dice así:

El momento se presta
Pa'que suba la marea
La nave va pa'rriba
Y no tiene correa
Que detenga la bola
La sangre que brota
Ahora ponte listo
Que ya tienes bronca
Y no va a parar
Este maldito ritmo
No me va a controlar
Estoy harto de este ruido
Acabo contigo
Y ya no preguntes
Pues yo ya no explico

Pato estaba en una banda llamada Pasto, una banda adelantada a su época, sin duda. Dos vocalistas que cantaban y rapeaban contestando uno a otro, con un trío de músicos. El baterista, «Camacho», después formó parte del grupo Resorte. El guitarrista tenía un estilo único, con figuras que nadie en ese momento estaba haciendo en Monterrey. El otro vocalista, Gil Cerezo, se convertiría en el vocalista de una de las bandas de Monterrey más internacionales, Kinky. Era una banda única. Ellos tenían una canción llamada *La sangre que brota*.

La Flor de Lingo es una banda de *rap core*, guitarras potentes, *riffs* que te hacen mover el cuello y dos raperos únicos, creo que los mejores que he escuchado en muchos años. No solo tenían creatividad en sus letras, sino que su interpretación era recordada cada concierto, era algo que te seguía dando vueltas después de que te ibas, además de sus letras reales, que describían las calles. Ellos tenían una canción que se llamaba *La bola*. Por cierto, es a ellos a quien hace referencia Pato en sus últimas líneas, diciendo: *respeta La Flor*.

Prófuga del Metate, mi banda, tenía una canción que hablaba de un viaje a la luna, la historia de un muchacho que entra a limpiar la cabina de una nave espacial y por error es llevado a la luna. En realidad, era un viaje de drogas por eso él gritaba al final de la canción repetidamente: «¡La nave va pa'rriba, va pa'rriba!».

Y La Última de Lucas tenía una canción sobre un dinosaurio azul que había sobrevivido a la extinción, que comía uno que otro ser humano y que gritaba en algún momento de la canción: «¡Estoy harto de este ruido!».

Todo esto sirvió de influencia e inspiración para *Comprendes, Méndez*.

V

Necesitábamos un «Méndez» para el video, alguien a quien cantarle la canción. Alguien que representara a esa persona que se «pasa de lanza[1]» y se convirtiera en el foco de toda nuestra rabia que proyectábamos en la letra.

La disquera nos presentó un equipo de producción que trajo a la mesa una propuesta para la historia del video. Se requerían extras. Y ahí estaban todos nuestros amigos. Todas las locaciones

---

[1] Atrevido.

para el video estaban en San Pedro Garza García, tan solo a unas
cuadras de casa de mis papás. Y como solía ser, la casa de mis
papás se convirtió en el centro de operaciones para todo lo rela-
cionado con la filmación.

Estábamos demasiado emocionados con lo que sucedía, aunque aún no sucedía nada. Pero tan solo estar frente a una cámara
de cine, porque en ese tiempo no habían llegado las cámaras digi-
tales, lo hacía sentir a uno como una estrella. Fueron los primeros
«playbacks» que hacíamos, nunca habíamos estado frente a una
cámara «fingiendo» rapear la canción.

Aunque cada uno de nosotros sabía lo que era estar sobre un
escenario, esto era distinto. No había público de quien recibié-
ramos una reacción inmediata, un *feedback*, solo estaba frente a
nosotros el personal de producción.

Fuimos a una morgue para hablarle a «Méndez». El video se
hizo «viral», pero no a través de las redes sociales como ahora, sino
en los canales de videos. El MTV Latino estaba surgiendo en esa
época y nuestro video se mantuvo por semanas en el Top de la
Semana. Telehit también lo hizo parte de su programación, pero
cuando comenzaron a pasarlo en programas de espectáculos, en
televisión abierta, nos dimos cuenta de que aquello que habíamos
hecho por primera vez, ahora lo veían millones de personas.

Mírame a los ojos, verás lo que soy
Méndez, comprendes, yo soy el control.

Durante el rodaje del video estuvimos con nuestros amigos,
incluso con nuestra familia, pues mi hermana y mi mamá estaban
acompañándonos durante las tomas. Hacía mucho frío y estaba

lluvioso. Incluso utilizamos la casa de un amigo para hacer tomas desde ahí, estábamos todos ahí. Se sentía que juntos estábamos logrando algo, como si fuera el comienzo de algo que nos llevaría a muchos músicos de la escena a tener la oportunidad de que nuestra música llegara a incontables lugares.

Aun cuando la canción decía: «Yo soy el control», se percibía un ambiente de colectividad, donde todos estábamos apoyándonos unos a otros.

VI

Esa misma noche, terminando la filmación

«Los dejo y me voy a casa», le dije al director y a su asistente en cuanto entramos al estacionamiento, traía el Tsuru blanco de mi mamá.

«Hermanito, un placer estar haciendo esto con toda la raza de Monterrey, se siente el amor, hermano», me contestó abriendo la puerta. Cuando ya estaba afuera me dijo: «¿No quieres subir? Traigo de la buena, ¿qué dices?».

No era la primera vez que fumaba marihuana, pero la verdad es que no le encontraba mucho chiste. Lo mío era tomar alcohol, y sobre todo el tequila. Pero por no dejar dije: «Me estaciono, espérame».

«¡Eso!», se emocionó.

Cuando íbamos subiendo las escaleras hacia su habitación me dijo: «Le estaba diciendo a Paco, que ustedes tienen una onda bien chida. Eso no pasa en el DF. Aquí la banda te apoya, son como si fueran del mismo grupo».

«Siempre ha sido así», le dije, «llevamos un rato todos tocando en las mismas tocadas, haciendo música, ¿conociste a Mario? Es el que ha estado haciendo el arte del disco».

«¡Claro! Me enseñó algunas cosas, ¡ahí andaba en la bola pateando al Méndez!», dijo en referencia a esa parte del video en la que todos agarrábamos a Méndez a patadas. Nos reímos mientras abría la puerta.

Ya adentro, sacó de su mochila una lata como las de cera para lustrar los zapatos y unas sábanas marca Zig Zag. Y después de limpiar la hierba comenzó a «ponchar». El muchacho sabía lo que hacía, le quedó el porro como si fuera un cigarro, muy bien hecho.

«Dale hermanito». Me lo pasó junto con el encendedor para inaugurarlo.

Le di un buen jalón y comencé a toser, se me quedaron viendo y le di otra fumada. Las otras veces que fumé no había sentido nada, absolutamente nada, no sé si porque en alguna de esas veces ya andaba borracho. Pero no recordaba ningún efecto. Como si estuvieran esperando algo de mí, además de que le pasara el porro, tenían una cara como de pregunta: «¿Qué onda? Está buena ¿no?».

Yo no sentí nada, pero les dije: «Sí, hermano». En realidad, me sentía igual.

Después de platicar acerca de algunas escenas que grabamos durante el día y de lo que haríamos al siguiente, me despedí, bajé al carro, arranqué hacia mi casa y salí del estacionamiento. El camino era el que siempre había recorrido de la prepa hacia mi casa, incluso era el camino que tomábamos cuando regresábamos del hospital. Toda la avenida Fleteros hasta llegar a Santa Barbara.

En uno de los semáforos, lo sentí. De pronto fijé mi mirada hacia adelante y como si me hubieran transportado en un instante estaba en el lugar en que puse mi mirada. Y reaccioné. Solté en voz alta un: «¿Qué?».

En el momento bajé la mirada y vi mis manos sobre el volante y fue como si volvieran a jalarme hasta el asiento del Tsuru. Era tan real lo que sucedió que podría jurar que sentí el aire sobre mi cuerpo cuando se movió de un lugar a otro. Abrí mis ojos lo más que pude, no lo podía creer. No sabía qué estaba pasando, pero creo que era el efecto de la marihuana en mi cerebro.

Intenté mirarme en el espejo retrovisor, pero antes de alcanzar a ver mis ojos vi en su reflejo hacia atrás, unas dos cuadras atrás y me sucedió exactamente lo mismo. Me fui hasta esa esquina, ¡allá atrás! Como si saliera de mi cuerpo y regresara en el momento en que mis ojos se encontraron en el espejo.

Sentía que mis pensamientos se estaban disolviendo, como si no tuviera control sobre ellos. Pasaba de un lugar a otro, de un pensamiento a otro, de recordar la cara del director y su asistente preguntándome: «¿Qué onda?». Y solo pensarlo me transportaba a esa habitación, pero cuando dejaba de pensar en eso y miraba de nuevo el volante, ya estaba en el auto de nuevo.

«¡Tengo que llegar a casa! ¡Tengo que llegar a casa!», repetía una y otra vez, era tarde, y no tenía que entrar, porque un pasillo que rodeaba la casa me llevaba directo a mi cuarto. Así que caminé sigilosamente, intentando no hacer ruido. Y cuando llegué, me di cuenta de que no solo mi vista estaba haciendo cosas raras, sino que mis oídos también.

Ya dentro de mi cuarto, me senté en mi cama y justo frente a mí tenía la grabadora con el CD nuevo de Tool, Aenima. En cuanto comenzó a sonar, mis oídos estaban escuchando demasiados sonidos y texturas que no había escuchado. La voz del vocalista se iba acercando poco a poco hasta ponerse en el centro, como si estuviera frente a mí. Después de la primera frase le puse pausa.

«¡No! ¡No! ¿Qué es esto?», dije poniendo las manos sobre mi rostro, para darme cuenta de que la sensación de mis dedos, de las palmas de mis manos sobre mi cara se extendía por cada surco en la piel. Como si me diera cuenta de que se complementaban, mi rostro y mis manos.

Apagué todo. Me acosté. Algo estaba pasando y por más que lo intentaba no podía controlarlo. Estaba fuera de mi control.

La puerta se abrió.

VII

Perú

1997

Bajamos de la estación de radio, la entrevista se había alargado, pero cuando se cerró la puerta de la camioneta que nos llevaría al hotel, noté que hizo mucho ruido, como si la hubieran azotado. Me había ido hasta la parte de atrás. Y nadie decía nada.

De pronto sentí que me estaban mirando, estaban con su cuerpo girando para verme y no se veían contentos. Los ojos del mánager hicieron un gesto que me decía que no lo podía creer.

«¿Yo?», se escuchó al lado mío.

«Dijiste: "yo". No lo puedo creer». Ahora sí, la voz se escuchaba entre el enojo y la decepción. «Neta, ¿que fue eso?».

Me tomó unos minutos entender que estaban hablando de la última pregunta que nos habían hecho en la entrevista. Mi respuesta fue sincera y para mí era la única respuesta que podía haber dado. ¿Qué querían de mí? ¿Por qué les sorprendía?

Esa noche, durante el concierto, lo dije fuerte y claro, no tenía una sola duda, lo repetí cada coro, le daba vueltas en mi mente, lo creía sin importar lo que otros dijeran:

Yo soy el control.

CAPÍTULO 7

Ya estoy
en la cima,
así son mis días

Porque yo ya viví y vendí lo que todos sueñan
Estuve en el estudio fumando y grabando
con la mera crema
Fui el sueño realizado de hiphop cabezas
Llegué a la cima y aún tenía oxígeno,
pluma y libreta
¿Qué haber encontrado allá, que cuando bajé
Nadie podía creer que todo lo dejé?
FÁCIL, FERMÍN IV, 2017

I

Cuba
1998

«Clic, clic, clic».

El sonido de los cubiertos golpeando la orilla del plato llevaba el ritmo, tres golpes, una pausa y luego dos. Y se repetía una y otra vez. Cuando volteé a ver, sus sonrisas se dibujaban por todos sus rostros. Eran ellos. Mientras se inclinaban hacia atrás imitaban el sonido de una trompeta haciendo una línea melódica. Se detenían juntos, una pausa y continuaban.

Me recordaba a cuando imitaba los sonidos de la guitarra distorsionada mientras caminaba por las calles de Scranton. Un *flashback* repentino, y regresé con el *clac* en esa cocina.

Era Buena Vista Social Club, un grupo de músicos longevos, que de la mano de Ry Cooder habían grabado un disco que los llevaría a ganar varios Grammys el año anterior.

Estábamos en la cocina del estudio de grabación de Silvio Rodríguez llamado Ojalá, en La Habana, Cuba. Y la edad promedio entre ellos era fácilmente los 65 años. Pero tenían una vitalidad envidiable. Había mesas para cuatro personas y teníamos delante de nosotros un plato de moros y cristianos con ropa vieja. Todo era espectacular. Cachaito López, Juan de Marcos, incluso estaba Rubén Albarrán, el vocalista de Café Tacuba, que no dudó en ir con nosotros a esta aventura. Pero el que faltaba en la cocina era don Rubén González, quien era la estrella de Buena Vista. No había venido con nosotros cuando llamaron que la comida estaba lista.

Si hubieras pedido silenciar a todos los que estaban en la cocina lo hubieras escuchado, era con tan solo salir de ese lugar y caminar unos cuantos pasos hacia el estudio que comenzabas a escucharlo, el piano sonaba sin parar. Me asomé dentro del estudio y estaba con sus manos fundidas en las teclas de ese piano. Su mirada un poco perdida, mirando hacia el frente. Ni se dio cuenta de que me asomé, a través del vidrio alcancé a ver a Jason Roberts en la consola.

Jason estaba escuchando lo que acababa de grabar, se escuchaba el contrabajo en primer plano, estaba moviéndose sobre su silla al ritmo de la música.

Me dijo en inglés: «¡Ey! ¡Fermín! ¡Esto está bueno!».

«¿Notaste el ritmo en esos muchachos?», le contesté.

Cuando comenzó la sesión necesitábamos un clic, es decir, un sonido guía que marcara el tiempo durante toda la canción. Teniendo el clic se podía quitar la base que teníamos pregrabada junto con el «sample», de esta manera los músicos podían trabajar con más libertad.

Los sonidos que traía la pista distraían un poco, pero Jason no tenía un clic separado en un canal. Así que Juan de Marcos le dijo: «¡Pon a grabar, chico!».

Jason no entendía. Había entendido que les faltaba ese clic, pero no entendía lo que Juan de Marcos le había dicho. Por eso le habló en inglés:

«*Press record*, chico!».

«*What?*», dijo Jason mientras me volteaba a ver.

Yo le dije, en inglés: «*Man*, solo grábalo».

A Jason le pareció una pérdida de tiempo grabar a tiempo real un clic que Juan de Marcos iba a tocar con un cencerro. Literal. Jason solo me dijo: «Lo hubiera hecho rapidísimo aquí en el Protools», dijo. Protools era el *software* de grabación de audio. Pero ahora tenía que esperar a que terminara toda la pista.

«Ahora me voy a tardar más corrigiéndolo», me dijo mientras se levantaba de su silla de productor y caminaba hacia el fondo del lugar. Terminó de sonar el *sample* en la pista y Juan de Marcos se siguió ya sin la base y grabó dos minutos más. *¡Qué locura!*, pensaba Jason.

Cuando terminó, Jason tomó el ratón y comenzó a hacerle *zoom* a la grabación que acababa de hacer, estiró lo más posible, el mayor *zoom* y el golpe que acababa de grabar estaba en el sitio correcto, exacto. Se voltea a verme con cara de sorprendido, así que adelantó la canción y se fue hasta el final, donde solo estaba el clic del cencerro. Y al hacer *zoom* cada golpe estaba en su sitio.

«¡No puede ser, hombre!», me dijo, «Está exactamente donde tiene que ir».

«¿No tienes que corregir nada?», le pregunté en inglés.

«Nada». Lo decía aplaudiendo mientras gritaba: «¡Vamos, muchachos!».

II

Días antes, cuando llegamos a Cuba, nos fuimos directo al hotel, solo dejamos nuestras cosas en la habitación y bajamos al vestíbulo. Don Rubén iba a venir para conocernos. La disquera quería llevarnos a comer a un lugar bonito y en ese lugar vernos con él. Pero les dijeron que don Rubén quería vernos en el hotel. No sabíamos por qué, pero lo supimos en cuanto llegó. Caminaba lento, encorvado, nos extendió la mano sin dejar de ver hacia atrás desde donde estábamos. No quitaba la vista del piano que estaba a unos pasos de ahí.

Nos saludó y se dirigió directo a él, se sentó en el piano y comenzó a tocar.

Juan de Marcos, que lo acompañaba, nos dijo: «Siempre quiere reunirse aquí, porque hay un piano», mientras se reía a carcajadas.

«Su piano se lo comieron las termitas», nos dijo, «así que viene aquí, para tocar. Solo porque ustedes están hospedados aquí lo dejan tocar».

No lo podíamos creer. El piano era su gancho, como la miel para un oso, estaba llenándose los dedos de acordes y melodías pegajosas. Las dos horas que estuvimos ahí, él solo tocó el piano. Solo hablamos con Juan de Marcos.

Luego, ya en el estudio, llevaba más de cuatro horas tocando sin parar. Tenía 80 años, pero aparentaba tener 15 y como si hubiera descubierto un instrumento por primera vez, y se diera cuenta de que tenía talento para tocarlo. El ritmo, el sonido, la musicalidad fluían por su sangre tan libremente, que en ese hotel había mucha gente entrando y saliendo, otro sentados platicando en mesas y sillones. Pero parecía que no había nadie en el lugar, solo don Rubén y ese piano.

¿Si crees que se le está acabando el vuelo?
No, esto está comenzando
El danzón ya empezó a tocar,
Y no ha terminado, no
El paso del tiempo va imponiendo el respeto
Y la calidad, va mano a mano con la cantidad.

Danzón, Control Machete, 1999

En ese momento estábamos haciendo la canción más ambiciosa que hubiéramos imaginado, el disco de Buena Vista Social Club lo habíamos descubierto unos meses atrás, había ganado un Grammy como Mejor Interpretación Tropical Latina. Los artistas con los que estábamos conviviendo y grabando llevaban más de cincuenta años tocando, y no se veía que iban a parar pronto. Todo el tiempo estaban tarareando frases, ritmos y lo hacían con mucha felicidad y emoción.

Recuerdo que Rubén Albarrán, de Café Tacuba, no decía nada, solo estaba sentado en una esquina de ese cuarto de control dentro del estudio, en un banco alto y solo sonreía. Estaba ahí como un niño que había despertado a un sueño hecho realidad.

III

Colombia

El auto circulaba por las calles de Cali, Colombia. Eran las cuatro de la mañana. Yo iba en la parte de atrás con personas que acababa de conocer en un lugar de mala muerte. El ambiente dentro del carro estaba completamente viciado, lleno de humo de marihuana. ¿Qué estaba haciendo aquí? Lo peor es que ni siquiera me preocupaba que no supieran dónde estaba. La verdad no me di cuenta de la gravedad de lo que había hecho, sino hasta veinticinco años después, cuando un pastor de Colombia me dijo: «Un amigo mío te estuvo buscando en esa ocasión toda la noche».

IV

Ciudad de México

Me seguí de largo. Si él se había metido en problemas, ¿a mí qué? Él sabía que lo que estaba haciendo era completamente ilegal y pensar que los perros no lo iban a detectar era no solo ingenuo sino tonto. Yo «tenía» que llegar a México, el viaje por Europa había sido muy extenso y yo ya quería llegar a ver a mi novia. Me dormí un rato en el último vuelo antes de llegar a Ciudad de México. Cuando desperté estábamos sobrevolando la mancha urbana. Ahí fue cuando dije: «Me debí haber quedado hasta que se resolviera el asunto». ¿Por qué no me quedé? ¿Por qué lo abandoné? Cuando aterrizamos sabía que no podía hacer nada, pero pude haberlo hecho. Qué vergüenza me da después de tantos años.

V

España

Mayo, 1997

«*Bro*, solo inhala, cuando salga el humo lo succionas y ya», le dije ante su cara de sorpresa.

«¿En serio?», nos preguntó Ovidio. «¿Dónde consiguieron el alfiler?».

«*Bro*, no te distraigas, ahí va...», le dije mientras prendía el triste pedazo de hachís clavado en la punta de un alfiler. Se encendió, se apagó y salió el humo.

«Dale, dale».

Y cuando succionó lo hizo con tanta fuerza que se lo tragó.

«Nooooo... ja, ja, ja». Nos reímos a carcajadas, algo incontrolable, nos doblábamos de risa hasta que se nos salieron las lágrimas. Era como estar en una película, una historia paralela a la que se estaba desarrollando a nuestro alrededor.

Estábamos en la camioneta que nos llevaría al festival más importante de España en la década de los 90. Íbamos camino a Mósteles, al FestiMad. No se consiguió hierba, nos dijeron que lo más común era mezclar el hachís con tabaco para hacer un «porro». Pero dos de nosotros no fumábamos tabaco, así que no era una opción. Y como no se conseguía hierba y no íbamos a mezclar el hachís, y no teníamos pipa, pues era la única manera de fumarlo.

El hachís lo traían de la frontera sur, o más bien de la costa del Mediterráneo, de Marruecos, era una resina, como una goma.

En México se fuma la hierba, pero aquí se saca del tallo de la planta, raspando salía esto que teníamos en las manos pero que no sabíamos cómo fumar.

Era inicios de mayo de 1997, el disco de Control no tenía más de cuatro meses afuera en el mercado y nosotros habíamos atravesado el mar Atlántico hasta el viejo mundo para tocar en un festival donde tocarían The Prodigy, Beck, Fear Factory, Rollins Band y Body Count entre muchos otros. Lo destacado de este año era un escenario completamente exclusivo de hiphop.

Llegamos a hacer entrevistas, apenas estábamos acomodándonos a tanta atención. Yo en ese momento era muy sarcástico, mi humor negro era difícil de entender y usaba muchos modismos «regios» (así nos dicen a los que somos de Monterrey, México, mi ciudad), sin que los demás entendieran y yo por dentro sentía una especie de satisfacción de no ser entendido. No lo sé, mi ego estaba creciendo y los demás se tenían que acoplar al nuevo tamaño que tenía.

El escenario de Hip Hop no era de los más grandes, pero sí juntaban alrededor de 10 000 personas, tenía un cartel muy interesante. Ya que muchas de las bandas que compartieron el escenario en esa ocasión se han vuelto bandas de culto, algunos se volvieron leyendas y otros siguen haciendo discos exitosos hasta el día de hoy.

Tocamos y la «peña» (la audiencia) nos recibió demasiado bien, desde el momento en que los invitamos a participar, lo hicieron. No había duda, había sido todo un éxito. Era como estar en México, estaba sorprendido de lo rápido que había llegado nuestra música a estos lugares, eran solo unos meses. Y corearon cada canción, levantaron las manos y hasta pidieron otra.

El ambiente atrás, en el camerino, estuvo un poco tenso, no sé si quizá había un cierto reflejo de lo que estaba sucediendo en Estados Unidos en esos momentos, el conflicto entre el West Side de California y el East Side de Nueva York había escalado a tal punto que uno de cada lado había muerto. Las muertes de Tupac y de Biggie habían marcado una especie de tensión, por alguna razón se sentía en el ambiente.

El camerino era un tráiler, como todo alrededor era campo, tan solo llevaron una casa rodante que fungía como *backstage*. Hubo un momento en que todo mundo estaba ahí, grupos de diferentes ciudades estaban en el lugar, y de pronto se apagó la luz en el camerino.

¿Has estado en un momento en que de pronto se pone tan espeso el ambiente, que no sabes qué podría pasar? Así recuerdo ese preciso momento. Estábamos en la cima, pero había algo que se sentía dentro de mí muy frágil. Algo que fácilmente se podía romper en cualquier momento.

VI

Chile
1997

La pizzería era muy pequeña y en realidad no fuimos ahí por la pizza, fuimos a ver a una banda tocar, estaba en Santiago de Chile con amigos, también músicos como nosotros. Dentro de las giras teníamos eventualmente días libres, donde no había conciertos, no había entrevistas. Solo no podíamos regresar a casa por lo lejos que nos encontrábamos, así que teníamos que quedarnos y esperar la siguiente actividad. Nos salimos cuando aún no era de noche.

Nos alcanzó la noche ahí. La banda que tocaba sonaba a *funk* de verdad, en esa época era increíble encontrar bandas de *funk* que sonaran tan sólidas que te ponían a bailar, ¡en Chile!

Me pedí una rebanada de pizza y cuando llegó, literal, cuando estaba a punto de tomar el trozo para comerlo, un tipo, en la mesa contigua, me la arrebató. En realidad, no entendí, sentí que había regresado a la primaria cuando un compañero abusivo te quitaba la lonchera. Así que me quedé congelado, sin saber realmente qué hacer, pero nuestro amigo que nos había llevado ahí reaccionó inmediatamente.

Dio un paso hacia él y con la mano abierta le dio una cachetada tan dura que se le puso la cara roja de inmediato. Sin esperar le volvió a dar dos más. Como el lugar era pequeño, fue un momento demasiado incómodo y tenso. De esos que ya mejor te quieres ir, y no estar presionado, esperando a ver si iban a tomar venganza.

Nos salimos todos juntos, veníamos en un «Vocho», un Volkswagen de los antiguos. Nos ubicamos en el asiento de atrás, esos autos solo tienen dos puertas, así que una vez adentro no era fácil salir. En cuanto se subió el último, vimos al tipo de la pizza salir del lugar y sin quitarnos la mirada metió su mano en el pantalón, levantando su playera. Yo juré que iba a sacar un cuete, una pistola. Y yo estaba encerrado en la parte del auto. De pronto soltó una carcajada, como un loco que no sabía lo que hacía. Tan solo nos fuimos de ahí, mientras nuestro amigo le gritaba desde la ventana del coche.

VII

Esa tarde, cuando regresamos al camerino en House of Blues, el lugar de conciertos emblemático sobre Sunset Strip, estaba repleto, nos estábamos presentando en martes, veníamos de terminar la última entrevista en la sala de prensa y teníamos unos minutos para subirnos al escenario. Se oían gritos en inglés y en español, risas y uno que otro tosiendo.

En cuanto entré me pusieron la máscara, y listo.

Era la máscara que salía en la portada del disco de Psycho Realm, o más bien una que habían adaptado para fumar marihuana, una especie de bong, que funcionaba como una pipa gigante. Había ido con los hermanos Big Duke y Jack al billar el día anterior, y habían dicho que traerían la máscara de gas.

En cuanto me la pusieron se sintió como cuando te ponen una máscara para bucear, donde quedas completamente aislado del exterior. Te sellaba por completo la cara, se sentía el látex alrededor del cuello, completamente hermético.

No tosí, solo aspiré, llevaba meses fumando prácticamente a diario, en porro, en pipa, en bong, incluso me la ingenié para armar una pipa de una manzana. Estaba listo, listo para salir y soltar rimas. En el escenario no podía terminar mis frases, mi garganta estaba afectada y sabía que al terminar el concierto solo iba a toser y toser. Pero listo. Yo estaba listo.

VIII

1999

Vivía con varios cambios de ropa en la maleta, de hotel en hotel, de avión en avión. Cuando íbamos aterrizando en Miami se me tapó un oído e intenté de muchas maneras destaparlo sin ningún éxito. Después de pasar una tarde y noche con amigos, tomando fotos y hablando de música, al siguiente día hicimos un concierto en la playa, para MTV Latino.

A través de MTV Latino nuestra música había llegado a muchos rincones de Latinoamérica, nos habían escuchado hasta en la Patagonia, a través de los videos, nos conocían a través de las entrevistas. Así que, cuando nos invitaron a ser parte de su Spring Break, no lo dudamos. Teníamos que ir a Buenos Aires en un par de días, así que esta actividad se acomodó muy bien.

Pero por la tarde nos dieron una gran noticia.

«Les tengo una noticia», nos dijo nuestro mánager. «Es una invitación que no van a querer rechazar, pero la mala noticia es que será muy, muy pesado». Cualquiera queda intrigado con algo así. Después de esa introducción nos dijo: «Cypress Hill está haciendo un disco de sus grandes éxitos en español y quieren hacer una canción original con ustedes».

Me quedé un segundo en silencio y pregunté: «¿Cuándo?».

«Ese es el asunto, ahí está lo pesado», dijo, «tendrían que salir mañana de madrugada a California, llegar directo al estudio para grabar y tomar el vuelo por la noche de regreso, porque en dos días viajamos a Buenos Aires».

Lo que me hizo comenzar a escribir rimas fue escuchar una canción de Cypress en español, de ese momento hasta ese día todo había cambiado para mí, había encontrado en esta pasión un estilo de vida. Y ahora había la posibilidad de grabar con ellos, inmediatamente dije: «¡Vamos!».

Iba a ser pesado, pero no podía perderme esta oportunidad. Rimar con aquellos que me inspiraron a hacerlo por primera vez, era algo que no se vive todos los días y ahora era posible. Así que al día siguiente tomé el avión a California.

El estudio era el mismo donde habíamos grabado algunos temas unos meses atrás, así que lo conocía. Sí, estaba nervioso, no quería llegar sin nada en mi libreta, así que, en lugar de dormir en el trayecto del vuelo, comencé a escribir. Solo pensé que era un disco que todos los fans de habla hispana iban a escuchar, recordé los viajes que habíamos hecho por Sudamérica y quería englobar con mi rima a todos los que, como yo, habíamos crecido en la cultura latinoamericana.

Una de las cosas que siempre nos preguntaban cuando llegábamos a cualquier país, era sobre la «torta de jamón del chavo del 8». Ellos hablaban del programa de televisión más visto en un par de décadas: Chespirito. Incluso amigos tocaban el tema musical del programa en sus conciertos. Los personajes de Chespirito se habían hecho tan famosos que habían hecho giras en estadios de fútbol en muchas ciudades de Sudamérica.

Así que no lo dudé, mi rima la comencé así:

«¡Ta, ta, ta, ta, taaa!
Como el profesor Jirafales dando su lección
Aquí estoy, listo y preparado para la ocasión».

Al llegar al estudio me recibieron con mucho respeto, yo no podía creer que estaba ahí, mientras ellos me estrechaban la mano y me jalaban para darme un abrazo. Al terminar de saludar a todos me dieron una bolsa pequeña con droga.

B Real y Sen Dog estaban en la sala frente a una pantalla, se volvieron a sentar tomando los controles de un Xbox, mientras Muggs me llevaba al estudio para escuchar el ritmo y comenzar a trabajar. Entrando, apoyado sobre la mesa de la consola estaba Mellow Man Ace con una libreta y pluma en la mano. No lo podía creer. Si había alguien OG, un *Original Gangster* [Gángster original], como se le suele llamar a los pioneros del rap, era él. Quizás fue una de las mejores cosas que me sucedió en ese viaje, conocer al que era conocido por arrancar el rap chicano con su rola: *Mentirosa*. Mellow Man Ace no es sino el Padrino del rap latino, había formado Latin Alliance junto con Kid Frost, su disco de 1991 era un clásico, si estabas haciendo rap en español en esa época, tenías que conocer ese disco.

IX

1999

Estábamos atorados, de alguna manera. Eran las cuatro de la mañana, o eso creo. No podíamos llegar a nuestra habitación. Estuvimos fumando un buen rato.

«¿Le diste al botón?», me dijo riéndose.

«Sí», le respondo presionando el botón de nuevo.

«¿Hace cuánto?», me preguntó intentando ver el reloj de su muñeca.

«No sé», me doblé de la risa e intentando volver a hablar le dije: «Como 15».

«¿Quince qué? ¿Segundos?» respondió, riéndose nerviosamente.

«Minutos, segundos, no sé». Mientras, fijábamos la mirada en la flecha encima del elevador esperando que se iluminara. Nos quedamos así por minutos, o eso era lo que se sentía.

El elevador no se abría y parecía que no funcionaba. Uno de ellos comenzó a caminar todo el pasillo y gritó: «Acá están las escaleras».

Pero cuando empujó la puerta, lo único que había era una máquina de hacer hielos, ya íbamos caminando hacia allá. Cuando se abrió la puerta y mientras salía, se escuchó los hielos caer en el depósito de la máquina. «¡Falsa alarma! Aquí no hay escaleras, solo hielos».

Escuchamos el elevador abrirse, pero cuando llegamos ya se había cerrado. Solo nos reímos como locos. No había salida. Estábamos atorados.

CAPÍTULO 8

No creo que pueda ayudarme

Mientras voy caminando en el desierto
No refresca ni siquiera el viento
Esta confusión mi fuerza va disminuyendo
Mientras más avanzo más me pierdo
No encuentro el camino de regreso
He perdido toda noción del tiempo
El clima de día y de noche es en extremo
El último vaso de agua no lo recuerdo
LA CURA, FERMÍN IV, 2002

I

Agosto de 1999

«¿*Cómo que no puedes? ¿Qué quieres decir con eso?*».

El tono de su voz había cambiado, al decirlo se dio la media vuelta tan solo para dar dos pasos y regresar. El sonido de su voz se escuchaba apagado, seco, las cortinas alrededor opacaban cualquier sonido. Y solo estábamos ella y yo en el autobús.

«No lo sé», después de una pausa de 10 segundos continué: «te he estado mintiendo, esa es la verdad». Me costó demasiado poder decir esas palabras. «Cada vez que me llamabas, pensaba que, si te lo decía, te ibas a decepcionar de mí, solo pensaba que cuando regresara todo iba a cambiar».

La mentira se había repetido una y otra vez, ella me preguntaba: «¿Has estado fumando?», a lo que yo contestaba: «No, para nada». Pero en cuanto colgaba comenzaba a toser, lo había evitado toda la llamada, dejaba el teléfono en el buró, y le daba un toque a la colilla. Una y otra vez, en diferentes ciudades, diferentes hoteles, pero la misma respuesta, la misma mentira. El hotel en Houston había sido un oasis, simplemente dormir en una cama se asemejaba al paraíso. Mi rostro en el espejo se ocultaba tras el humo.

«Ya fui a la iglesia con ella, ya recibí a Cristo, hice esa oración, digo, solo la repetí», me decía en voz alta a mí mismo, como intentando convencerme de que mentirle era lo mejor. Si no lo sabe, no se va a preocupar, si lo sabe ¿qué beneficio tendría que lo supiera? Ella no puede hacer nada desde allá.

Pero esta vez, estábamos frente a frente, no había un teléfono ni miles de kilómetros entre nosotros. Yo estaba metido en mi litera en el autobús, acostado y mi cara quedaba frente a la de ella que estaba de pie en el pasillo. Pero no podía ver mis ojos, tenía mis manos cubriendo mi rostro. Ya estaba desesperado. Inhalé profundamente y mis manos olían a marihuana y alcohol.

Llevábamos dos semanas de gira, habíamos comenzado en Florida y ahora estábamos en San José, California. Nos faltaban dos fechas para regresar a casa.

Esa mañana fui al aeropuerto por ella, solo nos subimos al taxi Campos, nuestro mánager personal y yo, y la esperamos por un buen rato. El aeropuerto de San Francisco estaba a una hora del lugar del concierto, y nosotros habíamos llegado durante la madrugada. Hasta que me di cuenta y su llamada me lo confirmó.

Ella había llegado al aeropuerto de San José, que estaba a la vuelta de donde estábamos. Allá vamos de regreso.

No solo no había dormido mucho la noche anterior, no había regadera en el autobús, pero también me vio la cara de vicio y se dio cuenta. Al abrazarme sintió el olor de mi ropa, solo se alejó y sentí el apretón de su mano mientras caminamos al taxi.

«Jesús puede ayudarte», me dijo con una certeza que me sorprendía. «Él está en tu corazón, lo recibiste ya».

Ese fue el momento en que separé mis manos, y hasta subí la voz. La desesperación había llegado al límite. Abrí mis ojos y dije: «¿Qué? Jesús tiene problemas en el Medio Oriente que tiene que resolver antes de ayudarme a mí».

II

La novia de Toño también había llegado en avión esa mañana, como el cierre de esa gira era en el Hollywood Bowl, queríamos que estuvieran con nosotros. Faltaban dos días para ese concierto, el de esta noche no iba a ser fácil.

Mientras ellas llegaban, Pato se había ido a Monterrey, su hermana se casaba ese día y me tendría que aventar yo solo, el *show* completo. Hablé con otros raperos de las bandas que tocaban en la gira y repartí algunas partes de las canciones entre ellos. Uno se iba a subir en el principio para arrancar. No sé si lo iba a lograr sin él.

Cuando probamos el sonido, el sol estaba cayendo con intensidad sobre el escenario, ese verano había sido más caliente que los anteriores. Y comenzaba a darme dolor de cabeza, era la deshidratación, la preocupación y la incertidumbre que recorría mis pensamientos. Ella había hecho esa oración y yo no había sentido nada. Ni siquiera sabía si se tenía que sentir algo o no. Lo que quería yo era que esa noche pasara.

«Sonrían», escuchamos los dos mientras nos abrazábamos. Ella me estaba acariciando mi afro mientras me decía al oído: «Vas a ver que Él te va a sacar de esto». Yo estaba sentado en las escaleras que subían al escenario.

Cuando volteamos ya tenía la cámara preparada, pero un *roadie* se había atravesado, en realidad estábamos nosotros estorbando todas las maniobras que se hacían mientras bajaban los instrumentos de un grupo y subían los del siguiente. Estábamos en plena prueba de sonido.

¿Sonreír? De entrada, yo nunca sonreía, menos para una foto. Había decidido desde la sesión de fotos para el primer disco que no iba a sonreír en ninguna foto del grupo. De hecho, me había propuesto desde hace algún tiempo que en todas las fotos que nos tomaran yo iba a estar viendo al lente. Pero esta foto era diferente. Era una foto personal, éramos mi Tere y yo.

Luchando cada quien su batalla en su mente y corazón: *¿Y si no cambia? ¿Y si continúa y se engancha con otras drogas?*

¿Qué voy a hacer? ¿Podría ayudarme Dios en esto? En mi cabeza solo rondaban pensamientos negativos. ¿Cómo podría ayudarme? Las drogas alteraban la química de tu cuerpo, necesitabas más al día siguiente porque tu cuerpo te lo demandaba. Era un ciclo que no terminaba, dejaba rastros en tu sistema para que vuelvas una y otra vez.

Ella sonrió, yo estaba preguntándome todo, era el punto de no retorno, o pasaba algo o no pasaba nada.

III

El domingo que me llevó a la iglesia, nos estacionamos lejos, tuvimos que caminar como cuatro cuadras para llegar. En medio del barrio, mientras nos acercábamos, nos encontrábamos con más gente que se dirigía al mismo lugar. Las calles eran estrechas, solo podía circular un coche a la vez. Entendí perfecto por qué habíamos dejado el carro en un estacionamiento.

Al entrar, estábamos en el patio de una escuela, se veía un edificio de dos pisos, con salones en ambas plantas a mano izquierda, pero la gente se dirigía a un auditorio que estaba a la derecha. Como era un patio, se veía a gente apoyada en maceteros y en barandales.

Acababa de salir el segundo disco de Control y la fama del grupo había aumentado aún más, así que no había lugar a donde fuera que no me topara con algún fan y este lugar no era la excepción. Mientras avanzábamos las miradas nos seguían, claro, me habían reconocido.

Era un auditorio bastante amplio, con un segundo piso, pero encontramos lugar en la parte de abajo, unas cuantas filas cerca de la puerta.

«Genial, cualquier cosa puedo levantarme y huir», pensé mientras me sentaba. Iba con Tere, mi novia, y con su mamá, era en realidad extraño estar allí. Sentía que estaba traicionando todo lo que yo había aprendido de pequeño. Siempre me habían dicho que cualquier otra «iglesia» o «templo» que no fuera católico, era una secta. Eso me hacía sentir así, como si no tuviera libertad para estar ahí.

Mirando alrededor comencé a notar que había banderas colgadas en lo alto de las paredes alrededor. Y poco a poco se llenaban las sillas. De pronto se subió un grupo de música en la plataforma de enfrente, invitaron a ponerse de pie y lo hice. Y comenzaron a tocar. Nunca había escuchado música como esa, era una mezcla de sonidos modernos pero mezclados con música judía. Cantaban:

> *«Echó a la mar*
> *Quien los perseguía*
> *Jinete y caballo*
> *Echó a la mar».*

De pronto vi salir de su fila a diferentes personas hacia el pasillo entre las secciones, y de una manera que parecía planeada, pero al mismo tiempo espontáneamente, se ponían a bailar, dando pequeños saltos. Solo pensaba: «¿Qué estoy haciendo aquí? ¿Qué es esto?».

Siguieron con la canción, cantando al unísono. Un par de mujeres hacían los coros y tenían panderos que hacían sonar al ritmo de la música, decían:

«Echó a la mar los carros de faraón, ¡oh, oh, oh, oh!».

Y el lugar entero respondía al mismo tiempo y levantando una mano, gritaban: «¡Hey! ¡Hey!», mientras el grupo enfatizaba los gritos con sus instrumentos.

IV

Cuando cambió la canción, empecé a notar algunas cosas, esto no era como un concierto al que yo estaba acostumbrado. Los músicos no estaban siendo admirados por lo que hacían, no eran los protagonistas en este «concierto», era más como que estaban acompañando musicalmente a todos los que estaban ahí cantando.

Es como si no hubiera una diferencia entre los que estaban arriba del escenario y los que estábamos abajo, las personas a mi alrededor estaban cantando con mucha emoción, como si las frases que decían fueran muy personales para ellas. De pronto vi hacia el escenario y el que cantaba miraba hacia arriba, como si le cantara a alguien allá arriba, cuando miré a mi alrededor era la misma actitud. Entonces miré, y solo veía el techo. Era todo.

La sensación fue como si yo me estuviera perdiendo de algo que ellos estaban claramente viendo. Pero ¿qué era?

Me senté en mi lugar a esperar que terminara la música, fueron alrededor de veinticinco minutos, así que antes de que terminaran me salí. Al salir me di cuenta de que el lugar estaba lleno. Salí al patio, pero no me quede ahí, salí hasta la calle. Una familia estaba vendiendo discos piratas entre un coche y otro. Di uno cuantos pasos y me apoyé en un auto.

«¿Qué estoy haciendo aquí?», me preguntaba.

Tere no me siguió, así que regresé.

«¿A dónde fuiste?», me preguntó.

«Solo a tomar un poco de aire». Presentaron a un pastor en el escenario y comenzó a hablar, era como una conferencia. Leyó una parte de la Biblia y explicaba la vida de un hombre llamado David. Lo describía como un pastor de ovejas, un cantor, un «hombre conforme al corazón de Dios».

Un hombre que había recibido el favor y las bendiciones de Dios. Y que Dios estaba dispuesto a dar esas mismas bendiciones a todos. Pero había una condición.

«Necesitas tener una relación con Dios», dijo. «Dios quiere tener una relación contigo a través de Jesucristo. Es Él, Jesús, quien ha hecho posible tener una relación con Dios, ya que pagó todos tus pecados».

Yo estaba sentando, escuchando, por alguna razón estaba entendiendo y parecía algo personal. Como si me estuviera hablando a mí.

«Quiero que sepas una cosa, si eso es lo único que vas a recordar de este día, quiero que recuerdes que Dios te ama», decía con el micrófono muy cerca de su boca, pero mirando alrededor como si buscara a una persona en específico, y continuó: «No solo Dios dice en Su Palabra que te ama, sino que lo demostró muriendo por ti».

En ese preciso momento sentí una mirada que venía de la fila en donde estábamos, de reojo vi a un muchacho que se había inclinado hacia adelante y tenía su mirada fija en mí, así que giré mi cabeza para verlo, pero en cuanto lo hice, se acomodó de nuevo en su asiento.

«¿Qué le pasa?». Solo pensé, seguro me había reconocido y se estaba preguntando qué hacía yo ahí. «Lo mismo me estoy preguntando yo, ¿qué estoy haciendo aquí?». Murmuré entre labios. Tere me tomó de la mano y acercándose me preguntó: «¿Qué?».

Yo le dije que nada, y me miró a los ojos mientras el que estaba en el micrófono hacía una invitación a creer en Jesús. Ella me dijo: «¿No quieres pasar?».

«¿A dónde?» le dije.

«Al frente, están preguntando si quieres tener una relación con Jesús».

«No», le dije mientras me paraba diciendo: «Te espero allá afuera».

Me salí a esperar, no tardaron mucho, ella y su mamá salieron mientras se escuchaba que comenzaban una canción más como parte de su reunión. Caminamos hacia el auto sin decir una sola palabra.

V

«En serio Él te puede ayudar», me dijo, mientras la cortina de la litera volvió a caerse entre los dos, me deslicé y saliéndome un poco de ella, la acomodé con fuerza en la parte de arriba para que no volviera a caerse. Ella aprovechó y me abrazó del cuello, me apretó con fuerza y comenzó a llorar. Y dijo sollozando: «Yo sé que te puede ayudar, yo creo que lo puede hacer».

Cuando volví a meterme por completo, me sentía mal, quería desaparecer, no quería lastimarla, pero mis mentiras no eran otra cosa sino cuchilladas en su espalda. No podía dejar de mentir.

La primera vez que viajé después de haber «recibido a Cristo» aquel domingo, ella me puso en la maleta unos diez casetes de prédicas. En la iglesia grababan el mensaje que se daba en la reunión y hacían copias para que la gente se los llevara y los volviera a escuchar en casa. Como una especie de recordatorio de lo que habían visto.

«Por favor, escúchalas, vas a ver que Dios te seguirá hablando», me dijo cuando las encontré en la maleta. Y sí, en verdad me daba la misma sensación que cuando estaba en la iglesia. Cuando los escuchaba, parecía que habían grabado esos mensajes exclusivamente para mí.

Porque cuando ya estaba lejos, en otro país, y sin que me viera, las cosas cambiaban. Sí, las primeras noches escuchaba un mensaje, me sorprendía, pero para el día siguiente, lo escuchaba a medias o me quedaba dormido. Y luego venían por mí a mi habitación para salir. Así que quería, pero había demasiada presión para volver a los mismos hábitos. Incluso no le había dicho a nadie que había ido a la iglesia cristiana.

«¿Sabes qué? Yo voy a orar por ti, yo oraba porque me acompañaras a la iglesia y fuiste, así que...». Y comenzó a orar, tenía sus ojos cerrados y oraba con demasiada pasión, su labio se movía y yo la escuchaba mientras intentaba concentrarme en lo que ella decía, pero no podía. No dejaba de pensar que esto era solo un paliativo.

«Algo voy a tener que hacer cuando regrese a México», pensaba mientras ella apretaba mis manos entre las suyas y seguía orando. Ese lugar, ese autobús y esa litera se convirtieron en un lugar santo durante unos minutos. Yo no sabía qué estaba pasando, yo no entendía la magnitud de lo que ella estaba haciendo. No tenía ninguna referencia que me hiciera pensar que esto funcionaría. Pero yo sé que ese día, ella me llevó delante de Jesús.

Ella sola me había cargado y había quitado el techo para ponerme delante de él. Me recuerda esa escena a los amigos del paralítico. Lo llevaron a donde estaba Jesús enseñando, pero no podían entrar por la multitud, no había espacio en la puerta, así que decidieron, llenos de fe, subirse al techo y quitar las tejas y creer, creer que Jesús podía hacer algo por aquel que amaban.

Ella me amaba, yo no tenía fe, ella tuvo fe por los dos. Pero ni ella ni yo, en realidad fue Jesús el que intervino en mí. Algo que yo no me daría cuenta hasta unos cuantos días después. Algo había tenido efecto en mí. Creo que de cierta forma ella tenía razón, Jesús estaba en mi corazón y Él me podía ayudar.

Y pensar que todo comenzó aquel domingo.

VI

El cuarto domingo que la acompañé, las primeras tres veces hice lo mismo, me salía a caminar después de la primera canción, pero por alguna razón regresaba. Quizás era porque no quería ser molestado afuera con preguntas. Nadie se acercaba, pero podía notar a algunos hablando de mí y veía sus intenciones de acercarse. Así que mejor entraba de nuevo y escuchaba el mensaje.

Cada vez era un predicador diferente, por cierto, muy queridos por la iglesia, ya que cuando los anunciaban se veía que no solo los reconocían, sino que los apreciaban. Por ahí me dijo Tere que uno de ellos había estado en esa iglesia como pastor de jóvenes, pero ahora vivía en Estados Unidos.

El predicador era diferente, el mensaje era diferente, lo que no cambiaba eran las palabras al final de cada reunión: «Dios quiere tener una relación contigo a través de Jesús».

¿Una relación? ¿Cómo? ¿Ser amigos? Yo solo pensaba en cómo mis relaciones personales no estaban del todo bien en esa época. Yo me había encargado de afectarlas con mis actitudes. Con mi papá había muchas discusiones, sí, él estaba feliz de que estuviera ganando dinero, pero yo, o estaba de viaje en conciertos o estaba en Monterrey, pero me la pasaba afuera. Había decidido irme a vivir a un departamento que había comprado para poder hacer lo que yo quisiera.

Mis relaciones estaban rotas y ¿Dios quiere tener una conmigo?

Había entendido, por lo que enseñaban, que mi pecado me tenía alejado de Dios y que eso no podía cambiar por más que yo me esforzara, que era por eso mismo que Jesús había muerto en la cruz por mí. Que había tomado mi lugar y había pagado el rescate por mi salvación.

Pero yo me atoraba en eso de la relación, como ¿por qué? ¿Qué, acaso no me conocía? Si alguien iba a resultar lastimado cuando volviera a hacer lo mismo de siempre era el otro, no yo. Decepcionado.

Esta vez hice lo mismo, me salí y decidí no quedarme en el patio de la iglesia, sino darle una vuelta a la cuadra. Como dejábamos el carro lejos, nunca me imaginé que la cuadra era demasiado grande. Cuando di vuelta por segunda vez, me di cuenta de que tendría que caminar mucho para regresar, pero a la mitad de la cuadra comencé a platicar con Dios.

En voz alta le decía: «¿Será que tú eres el que me está hablando? ¿Que en verdad quieres tener una relación conmigo?». Las banquetas alrededor estaban llenas de autos mal estacionados, de gente que venía a la iglesia. Mientras bajaba a la calle yo seguía: «Si me conoces, tú sabes que me han dicho que estas iglesias son sectas, la verdad no sé lo que estoy haciendo aquí. ¿Estás tú en este lugar?».

Cuando llegué de nuevo al portón para entrar al patio me di cuenta: ¿Venía hablando con Dios? ¿Será que incluso yo, sin entenderlo, sabía que necesitaba lo que me invitaban a considerar? Una relación con Dios.

Entré, escuché, un hombre contó su testimonio, yo andaba mal, pero él, por lo que contó andaba mucho peor que yo. Y Dios lo transformó. Yo no estaba buscando un cambio en mi vida, tenía todo lo que siempre había soñado. Hacía lo que más me gustaba, pero cuando llegó el momento, él lo dejó también.

«Cree en Jesús, deposita tu fe en Él, Dios quiere que tengas una relación con Él a través de Su sacrificio». Y esta vez no lo dudé. Estaba ahí, Tere no me había preguntado como otras veces si quería pasar, yo fui el que le pregunté: «¿Me acompañas?». Ella solo asintió con la cabeza.

Le rendí mi vida a Aquel que me había creado, quien era el mismo que me había comprado con Su sangre. Ahora tenía una relación con Él.

Es cuando volteo directamente hasta el cielo
y pregunto si hay alguien que esté atento,
Solo hay una nube que veo a lo lejos,
pero no sé si mis ojos me estén mintiendo,
Recorro la distancia con el poco esfuerzo que me queda,
no puedo creer lo que veo,
Es esa agua viva que he estado pidiendo,
con la que nunca más estaré sediento.

La cura, Fermín IV, 2002

VII

Siempre volvía a lo mismo, pero cuando Tere se regresó al Distrito Federal y yo me quedé unos días más en Los Ángeles, comprobé que algo había pasado en mí. No había la misma ansiedad que sentía antes. No había la necesidad de fumar. Algo había pasado en mí y lo podía sentir. No lo sentí cuando salimos de ese autobús en San José, California. Pero ahora lo podía sentir, era una sensación de libertad. Esa libertad que me hacía rechazar aquello que siempre destruía mis relaciones.

Mi relación con Dios ya existía, pero esa tarde fue como cederle mi vida, mi voluntad, era como si Dios me hubiera dicho: «Si me dejas hacerlo a mí, yo me encargo».

No sé qué fue lo que pasó, pero alcanzaba a entender que algo había alterado la química de mi cuerpo, y sucedió cuando ella oró por mí. Si Jesús había hecho esto, ¿qué más puede hacer?

Siempre he pensado que no había necesidad de hacer un milagro en mi vida, pero lo hizo para llamar mi atención.

Necesitaba conocerlo, saber quién es Jesús y qué más puede hacer.

Había comenzado algo, había hecho algo que yo intenté hacer pero que no logré.

¿Qué más puedes hacer, Dios?

CAPÍTULO 9

Intento seguir viviendo igual

¿Cuántas veces se ha detenido el sol al mediodía?
¿Por qué ya no quiere vivir más atardeceres?
¿Cuántas? ¿Cuántas veces?
¿Por qué ya no quiere vivir más amaneceres?
DE PERROS AMORES, CM, 2000

Indagando en la profundidad de mis emociones
Ubico mis intereses, elijo mis prioridades
Incorporación de amistades, comunidades
Segundos y terceros
PRIORIDADES (CANCIÓN INÉDITA)
FERMÍN IV, 1999

I

1999 DF

«¿Bueno?».

La voz que se escuchaba era de Rogelio de Prófuga del Metate, llamarle era ponerme en contacto con una época menos confusa, no del todo lúcida, pero sí más tranquila. Como cuando encuentras un refugio inesperado durante una tormenta.

«No sé qué me está pasando».

Le dije inmediatamente, no le pregunté si podía hablar, no le pregunté: ¿cómo estás? Él reconoció mi voz, era la época donde no había celulares que reconocieran el número desde donde llamabas. De hecho, marqué a su casa. Al sentarme en la orilla de la cama pude ver mi reflejo en el espejo encima de la cómoda de mi habitación de hotel.

Era el mismo hotel, era mi amigo del otro lado del teléfono, era mi rostro, pero yo ya no me sentía igual. Y no sabía por qué.

«¿Qué?», me contestó.

Los dos ya no estábamos despiertos. Yo había caminado del Bulldog, el antro donde parábamos generalmente y eran las tres de la mañana. No era tarde para mí, en realidad era muy temprano. Salir del Bulldog mientras amanecía era lo común, pero salirme, solo, sin decirle a nadie, para ir al hotel no era común. Me estaba sintiendo incómodo en el lugar donde podía bailar como los Bee Gees sin saber bailar, donde podía cantar como Alejandro Fernández sin dar una sola nota bien. Donde me había sentido en libertad de hacer el ridículo, claro con unos cuantos desarmadores encima y un par de Tom Collins.

Mientras veía mi reflejo en el espejo, preguntándome qué me estaba pasando, volví a escuchar la voz de mi carnal en el auricular.

«Estás borracho Fermín, eso es, vete a dormir».

Rogelio tenía un horario de trabajo regular, no como el mío. Pretendía descansar para salir a trabajar muy temprano al día siguiente. Yo le dije: «No, carnal». Pensándolo un poco, corregí en el momento, «bueno, sí... Pero no sé qué me está pasando».

Si con alguien había pasado noches enteras tomando era con él. Sentarnos en la entrada de su casa mientras escuchábamos

En 1993, un tiempo donde no solo aprendí inglés, sino que también descubrí la música de una manera más personal. De ahí regresé a México con una guitarra eléctrica y con un sueño mucho más claro de hacer música.

Prófuga del Metate se convirtió en el vehícu-
lo para subir a un escenario, expresarme
y encontrar una voz. Los conciertos eran
en cualquier lugar donde nos dieran un
espacio. Reuníamos entre 20 a 30 personas. San Pedro Garza García, Nuevo León.
1994.

En el 2000 me bauticé, e hice pública mi fe delante de mis hermanos de Monterrey.

El concierto con mayor audiencia, Bogotá, Colombia. En *Rock al Parque*. 1998.

El sueño de mi niñez se estaba cumpliendo, *fans* de otro país coreaban las canciones de Control Machete.

Concierto donde predicamos el evangelio. Ahora, el propósito de hacer música había cambiado. Los Reyes La Paz, en Nezahualcóyotl.

Improvisando con mis amigos en 1999. No importaba dónde fuera —en el carro, en el departamento donde vivía o en una barbacoa mientras celebrábamos un cumpleaños—, cualquier lugar era propicio para rimar. Riberas del Río, Guadalupe, Nuevo León.

No solo conocí al amor de mi vida, había sido ella la que me había compartido las Buenas Nuevas que cambiarían mi vida.

De gira por Europa, tiempos de fama y éxito, uno se sentía una estrella que había salido de su cuadra. 1999.

Los festivales donde se presentaban los grupos emergentes nos recibían en el viejo mundo. En Baden-Baden, Alemania. 1999.

La familia estaba creciendo, siempre juntos para todos lados. Ya no vivía para mis sueños, Dios me había dado un propósito para vivir.

Venecia. 1999.

En ocasiones uno solo se dejaba llevar, las drogas llegaban y comenzaban a tomar un lugar más importante. Se sentía libertad, pero después se convirtió en esclavitud.

Las giras, los autobuses, las camionetas, la carretera. Una ciudad tras otra, haciendo amistades con personas que tenían la misma afinidad que yo. 1999.

Cristo lo controla

Por **EDUARDO CASTAÑEDA**

Hubo drogas, alcohol... incluso "algo más" en la vida de Fermín IV, pero ahora está arrepentido y quiere enmendar su camino.

El vocalista de Control Machete, quien se convirtió al cristianismo, se encuentra de visita en la Ciudad para predicar la palabra de Dios y de la "oscura etapa" que vivió.

"Llegó un punto en que tomaba a diario, me subía a los aviones tomado... mariguano de repente, y el mundo se volvió oscuro y era como estar en un cuarto a oscuras sin poder ver dónde estaba el apagador para encender la luz", dijo anoche antes de iniciar su plática en el Teatro Cri Cri de la Alameda.

"Y yo no quiero que vivan eso los chavos, esa soledad y oscuridad siendo que, tomando a Dios de la mano, pueden ver el camino claramente".

Fermín indicó que el cristianismo le hizo ver sus errores y ahora su misión es propagar ese mensaje.

"Me emociona hablar de eso, de Dios, es el tema más emocionante del que he hablado."

Explicó que desde que contrajo nupcias, en mayo pasado, se dedica a llevar su mensaje a quien quiera escucharlo.

Fermín se presentará hoy en la secundaria 54, en la Colonia Riberas del Río, a las 9:30 horas, y a las 19:00 en la plaza pública de la calle Archipiélago, de esa colonia.

Fermín está en Monterrey.

Unos meses después de mi conversión regresaba a Monterrey a visitar secundarias y plazas públicas para compartir el amor que había encontrado, la libertad que había recibido. Ellos decían: «Cristo lo controla».

Los cambios iban a llegar, pero mientras tanto ella era paciente. Su oración era que Dios me cambiara, que tan solo la acompañara a la iglesia. Dios tenía planes propios, mucho más grandes que los suyos.

Yo la llevaba a bailes de música norteña, nos estábamos conociendo. Pero pronto conocería a Dios y todo comenzaría a cambiar en mi vida.

En Paraguay, lugares que nunca imaginé visitar. Lo que nos sorprendía no solo era las ciudades que visitamos, sino cómo ahí, en lugares muy lejanos, nos escuchaban y conocían nuestra música.

MMN34 | LATINO POWER | FERMÍN IV

Aunque es difícil, eso ha sido la labor de Fermín, quien no comenta que se ha encontrado con chavos de 14 o 15 años a los que les ha dicho "dios te ama" y ellos le han contestado con un "de qué hablas, estás loco; dios no existe". Para Fermín eso es lo menos más grande. Él no cree en la evolución ni en el Big Bang; no cree tampoco en que los hombres seamos la evolución de una especie, en esas teorías, según él, falta algo, falta una chispa, falta dios, porque poder ser, creer, vivir o percibir sonidos no puede ser más que el resultado de la creación de un ser inteligente.

Una de las datos más curiosas sobre este nuevo trabajo es la experiencia que vivió Fermín con su pastor. Como cristiano, él tiene muy metido en su cabeza... Fermín es consciente de que vivimos en una época que ha heredado la muerte de conciertos, religiosos y los desgarros de guerras absurdas, sabe que vivimos en una era de vértigo y cambio endemoniado. Para él, y ser quiere sanar radicar, alarmarla o pretenciosa, eso significa "los átomos siempre", el Apocalipsis, no es cosa cosa sino el regreso de dios.

"BOOMERANG" Y EL HOMBRE: El disco intenta hablar sobre la gracia de dios. La palabra gracia significa "regalo inmerecido" y Fermín dice haber recibido algo que no merecía: "la salvación de su alma"; así, el disco busca transmitir ese mensaje sin ningún tinte de religiosidad...

Fermín quiere romper con eso, y nos hace recordar que en las postales se memorizan que el hombre podrá viajar de un lado (de) cuando el otro en 12 horas, ¿Qué hacer? No se sabe, la respuesta de Fermín es continuar en el viaje de la introspección, el boomerang va lo largo, ahora hay que esperar la curva y la vuelta, disfrutar al ritmo del sexo beat.

EN MAR MUERTO CANTA ASÍ: "EN ESTE MUNDO MATERIAL / ESTAMOS ACOSTUMBRADOS A QUERER MÁS / A VOLVERNOS DEPENDIENTES DE LO QUE TE DA PLACER / INMEDIATO, MOMENTÁNEO / POR ESO QUEREMOS TODO COMPRADO Y TODO NUESTRO TIEMPO MALGASTARLO / POR ESO MENTIMOS Y DIFAMAMOS...".

Se llama Fermín IV

Habla el vocalista del grupo Control Machete: "Me la pasaba chido fumando mariguana. Yo no buscaba a Dios, él me buscó a mí"

Por Isaac Zúñiga

Fermín IV, vocalista del grupo rapero Control Machete, está experimentando un cambio muy importante en su vida, ya que después de haber tenido problemas de alcoholismo y drogadicción encontró el camino hacia Dios, por medio del cristianismo. Fermín platicó con *TVnotas* cómo fue este cambio y de su problema con las drogas.

REALIZA CAMPAÑAS CRISTIANAS CON LOS JÓVENES

Fermín IV y María del Sol pertenecen a la misma congregación religiosa

"HUBO UN ACERCAMIENTO ESPIRITUAL"
-¿Cómo fue la transición al cristianismo?
"Fue una transición espiritual, antes no me ocupaba de ella, generalmente nada más me ocupaba de lo externo, de ganar dinero, de traer un carro, etc., y sucedió el cambio porque hubo un acercamiento con Dios, eso me llevó a unas congregaciones de Monterrey y empecé a estudiar la Biblia. Conocí a un músico y medio que existía una congregación, que es en donde está María del Sol, me gustó mucho porque hay un gran acercamiento con Dios y estaba buscando saber qué es lo que él quiere para mi vida y no lo que yo creo. No andaba buscando a Dios, sino que él me buscó a mí, fue como una necesidad".
-¿En qué momento decidiste tener ese cambio en tu vida, qué marcó la pauta?
"Yo ni lo estaba buscando, yo estaba divirtiéndome, bien chido y en el relajo".

"EL ALCOHOL Y LAS DROGAS YA NO SE VEN COMO UN PROBLEMA"
-¿En algún momento tu vida fue un desorden?
"Es muy raro, porque los problemas de alcohol o drogas ya los vemos como algo natural. Fumar mariguana ya es normal, sobre todo entre jóvenes, y el alcohol igual, y es raro ponerte borracho cada fin de semana o diario. Ahora el anormal es el que no toma, y yo estaba muy metido en el alcohol, tomo desde muy niño, tomaba diario y me emborrachaba a las 10 de la mañana, entonces pensé: 'tengo un problema de alcohol', igual con las drogas. Luego me decían: 'yo no te veía tan mal', pues no, pero sí las utilizas a diario o cada fin de semana a problema. El acercarme a Dios me sacó de las drogas, del alcohol. De un problema que tenía en el que la tolerancia es demasiada".
-¿En qué momento caíste en la droga?
"Cuando empecé a separarme de mi familia, fue cuando me empecé a acercar, y yo sentía que me la pasaba muy chido, fumando mariguana".

"ECHAME LA MANO PORQUE NO PUEDO, AYÚDAME"
-Ya que superaste ese problema, ¿lo compartes con otros chavos que tienen el mismo problema?
"Sí, estamos haciendo una labor social, que sale de nuestro corazón, junto con María del Sol, ahora siento que mi vida es mejor que la de antes y eso lo quiero compartir con los demás. Hemos ido a Monterrey, a las escuelas, y les hablamos del problema de las drogas. Allí hay muchos problemas de drogadicción, alcoholismo y vandalismo; los niños de primaria llegan oliendo a cemento y alcohol, y es por eso que quiero transmitir lo que a mí me pasó".
-¿Fue difícil alejarte de la droga?
"No, yo cuando tenía ese problema le pedía a Dios que me ayudara y me lo quitara, y así como un tronar de dedos me lo quitó; qué pasó, qué me hizo, no sé, pero lo hizo y no me costó trabajo. En una oración le dije: 'échame la mano por favor, por que no puedo, ayúdame', y me lo quitó. Tuve un cambio totalmente espiritual, no físico".
-¿Cuánto tiempo te duró este problema?
"Como 3 años, realmente Dios me estuvo cuidando siempre y él me hizo pasar por todo eso para darme cuenta de la realidad. Fue digamos que una prueba. Cuando estás metido en eso no te das cuenta de cuántas veces Dios puso su mano ahí porque no te pase nada, yo anduve muchas veces borracho manejando a las 5 de la mañana y nunca me pasó nada. A mi alrededor veía muertes y yo siempre estuve bien".
-¿También cantan en la congregación?
"Sí, de hecho acaba de salir el disco Semilla de mostaza, canta María del Sol y yo; además, estoy trabajando en un álbum como solista, eso sí es más parecido a Control, es hip hop y rap, y apenas lo voy a grabar", finalizó. ■

"En una oración le pedí que me echara la mano para salir de las drogas, porque ya no podía".

Marvin 06
octubre/noviembre
Boomerang

**SACRO BEAT:
EL "BOOMERANG"
DE FERMÍN IV**

DICEN QUE LOS OJOS SON LA VENTANA DEL ALMA; ÉL LOS TIENE DE UN VERDE CLARO INOCENTE Y PROFUNDO, ANIMADOS, A VECES ESCONDIDOS ENTRE CAIRELES DE UNA GREÑA AFRO. LOS CHINOS DE FERMÍN CAMINAN DESPREOCUPADOS POR LA CONDESA RUMBO A UN SHOOTING DE FOTOS Y LUEGO A UNA ENTREVISTA. NO HA PERDIDO EL BEAT PROFUNDO, ÉSE QUE REBOTA HASTA LAS ENTRAÑAS Y QUE PARECÍA REVELARSE ANTE TODO Y ANTE TODOS. LA PRUEBA DE ELLO ES SU NUEVO DISCO "BOOMERANG", CUYO CONTENIDO HA SIDO UNA EXPLOSIVA SORPRESA QUE INSPIRÓ ESTA CONVERSACIÓN, AMENIZADA, POR CIERTO, POR LOS SONIDOS DE UNA MARIMBA CALLEJERA.

TEXTO
GABRIELA Y J.J. MODÓNICO

FOTOGRAFÍA
GONZALO MORALES

14 de agosto de 1999. Ella oraba por mí, Dios me estaba rescatando,
mostrándome Su amor y Su gracia.

En mayo de 2002, la Banda Semilla conformada por Héctor Hermosillo y su hermano Heriberto, María del Sol y Fermín IV, se presentaban en la Macroplaza en Monterrey, Nuevo León.

Las plazas públicas se convertían en lugares donde no solo se presentaba música, sino el evangelio. Iztacalco, CDMX. 2003.

Orando antes de tocar con la Banda Semilla. Aprendíamos haciéndolo, el pastor Héctor no solo nos daba el micrófono para rapear; me pedía espontáneamente dar mi testimonio. WTC, México, 2004.

Junto a mi esposa Tere y mis tres hijas: Roberta (izq.), Camila (der.) y Valentina (abajo).

música, tomando un cartón de cervezas era muy regular. Si alguien podía reconocer que ya estaba borracho era él. Pero yo seguía diciendo:

«No, no es solo eso».

Después de disertar unas cuantas cosas, me acordé de que en los últimos días tomé algunas decisiones, yo creía que no había pasado nada cuando pasé ese domingo al frente de la iglesia, para «recibir a Cristo» y creer en Él. No le había dicho a nadie que fui, que llevaba varios domingos yendo. Que había comenzado a platicar con Dios y a preguntarle cosas, que sentía que me estaba hablando cuando escuché lo que dijeron ahí en la iglesia. Me quedé callado unos segundos.

«¿Fermín? ¿Ya te dormiste carnal? Yo sí me tengo que levantar mañana tem...». Lo interrumpí como si no lo hubiera estado escuchando. Dije en voz alta:

«¡Claro! ¡Claro! Es porque fui a la iglesia, y recibí a Cristo, ¡eso es!».

Ahora Rogelio se quedó en silencio unos momentos y solo dijo: «Estás borracho carnal, vete a dormir y déjame dormir». Y colgó.

Seguía observando mi reflejo en el espejo a un lado de la cama, era yo, sí, pero algo estaba pasando en mí y podía percibirlo. Era como si hubieran encendido un sensor en mi cabeza que para mi «desgracia» no me dejaba disfrutar como antes lo hacía. Que me permitía ver algunas cosas que antes no alcanzaba a ver. Pero yo intentaba apagarlo, sofocarlo, pero no sabía cómo hacerlo. En ocasiones lo lograba, pero en otras, como esa noche, me había hecho regresar al hotel y quedarme quieto. ¿Qué estaba pasando?

II

La gira por Brasil fue algo completamente extraordinario. Difícilmente un artista en español entraba al mercado brasileño, primero por el idioma, si lo intentaban era haciendo una versión en portugués de algún éxito comprobado. Pero nosotros llegamos como parte de nuestra gira en Sudamérica.

Sao Paulo se parecía demasiado al Distrito Federal, había mucha gente, muchos autos y si no tenías cuidado podías ser parte de un accidente.

Había pasado la tarde escuchando algunos de los casetes que Tere me empacó en la maleta. Me ponía los audífonos y abría mi Biblia en el pasaje que estaban explicando. Debo reconocer que a veces no lo terminaba de escuchar, la Biblia que me había regalado tenía muchas cosas interesantes. Tenía comentarios abajo del texto que explicaban de manera sencilla lo que cada versículo decía. Y en la parte de atrás tenía un índice temático, una concordancia donde podías revisar dónde aparecía la misma palabra en toda la Biblia.

Siempre he sido esa persona que se distrae fácilmente, y si encontraba un tema que llamaba mi atención, comenzaba a seguir el rastro a través de los índices y diccionarios. Tenía un lápiz en mi mano y con él hacia notas al margen, de lo que iba leyendo. Cuando reaccionaba ya habían pasado un par de horas.

Estaba en la habitación del hotel cuando alguien tocó a la puerta:

«¿Qué onda, nos vamos o qué?».

Ya teníamos unos meses que nos daban habitaciones individuales, así no tenía que dar explicaciones de por qué estaba leyendo la Biblia y cosas así.

«¿A dónde?», le grité.

«Pues al antro este que parece que está bueno. ¿Y? ¿Vamos o no te interesa?».

Cuando llegamos, el lugar era grande, bastante grande. Había una pista en el centro y cabinas alrededor. Nos habían reservado una de las más grandes para que entráramos todos, en esa gira llevábamos ingeniero de audio e ingeniero de luces, un *roadie*, el mánager y el mánager personal. Ya éramos un buen número.

Era una noche como muchas otras, donde no teníamos que hacer nada, no había concierto y nos querían atender bien. Cuando todo es gratis, difícilmente te niegas. Y si involucraba alcohol y fiesta, mejor.

Pero esa noche me resultó distinto, desde que llegamos no me sentía cómodo, era algo extraño. Como todo antro, estaba oscuro, tenían luces que se movían en ciertos sectores en una especie de escenario donde estaban bailando algunas personas. Le di un sorbo a mi bebida y no me supo como regularmente sabía. Pensé: *Debe ser distinto aquí*. Pero no pasó mucho tiempo cuando comencé a levantar la mirada.

Como dije, estaba todo oscuro, no completamente, solo lo suficiente, pero de pronto, como si iluminaran cierto lugar, me dejaba ver un detalle de toda la escena que estaba frente a mis ojos. Como cuando dirigen un foco de luz sobre una persona que está en el escenario porque quieren que la atención este precisamente ahí.

Se iluminó una cabina y, lo que en otro momento me resultaba normal, ahora se notaba exceso, las carcajadas de un grupo se mezclaban con miradas extrañas entre ellos, como si tramaran algo y se ocultaban detrás de las chicas que estaban sentadas sobre sus piernas.

La escena era como cualquier otra en un lugar así, pero yo notaba algo distinto. Inmediatamente se iluminó otro lugar. Ahora era el sitio en medio de las cabinas, había como una especie de plataforma entre los respaldos y estaba bailando una chica. Sus movimientos eran provocativos, llegó un cuate que la bajó de ahí y se la llevó a la pista. En un momento me percaté que era como una especie de fichera.

«Oye, ¿ya viste?». Me acerqué a Campos que estaba a mi lado y le dije: «Ve, esto está mal».

«¿Dónde?», me preguntó mientras alzaba su cabeza buscando alrededor. «¿Qué?».

«Esto, eso, está mal. ¿No lo ves?», le dije ante su cara de confusión evidente.

«¿De qué estás hablando? Es lo que es, ¿no?», me dijo levantando las cejas. «Aunque hemos estado en lugares mejores, ¿no?».

Yo intenté explicarle lo que estaba viendo, pero no me podía dar a entender, le decía que estaba viendo lo que había detrás de todo lo que veíamos, incluso me atreví a decirle: «Son como demonios, no ellos, no ellas, sino como entes que los están controlando».

Él solo se me quedó viendo. Como mirándome y diciendo: estás loco Fermín. No dijo nada, pero sí me acompañó de regreso al hotel. No quería quedarme en el lugar, no sabía qué era lo que estaba viendo, pero sin duda no quería permanecer ahí. No sabía ni cómo comportarme en ese lugar.

III

Tenía un Dart K negro, de esos autos grandes y pesados, era modelo 92. Y como solíamos dar un paseo cada fin de semana lo fui equipando poco a poco, le puse unas bazucas en la cajuela, conectadas a un amplificador que conseguí, yo quería que sonara duro el bajo de las canciones. Pero como era un auto viejo, la batería no soportaba la demanda de los amplificadores, me dejaba constantemente tirado. Se moría. Tenía el sonido que quería, pero el carro no arrancaba.

En Monterrey era costumbre, bueno en la provincia, tan solo manejar durante la noche, con una cerveza en la mano y «cotorrear» mientras dábamos vueltas por donde fuera. Comencé a conocer muchos lugares haciendo solo eso. Cuando pude me compré una camioneta.

Tenía el dinero y podía darme el lujo, así que me compré una Durango color gris del año, la saqué de la agencia, era el primer año que salía este modelo al mercado así que se sentía bien, ahora no había problema con tener el sonido que quería. Esa camioneta la bauticé como «la bala de plata». Un tiempo más adelante me presenté utilizando este nombre: «capitán piloto aviador de la bala de plata».

Ahora podíamos dar vueltas sin problema. Nos prendíamos un porro, poníamos ritmos y nos poníamos a hacer *freestyle* por horas, improvisando sobre cualquier cosa.

El cambio en mi vida había afectado esto que por años había hecho casi a diario, pero seguíamos poniendo ritmos, pero yo desde aquella fecha en San José California no estaba fumando. Cuando me ofrecían, y les decía que no, solo me decían: «Una limpia por un rato está bueno, al rato regresas».

Yo solo guardaba silencio. Ya estaba asistiendo regularmente a la iglesia en Brisas, asistía los domingos, pero si hacían algún otro evento ahí estaba yo de nuevo. Tenía hambre de conocer más de Aquel que me había dado libertad. Algunos de mis amigos me acompañaron alguna vez, pero nada más.

Un domingo dieron el anuncio de una serie acerca del Espíritu Santo que iban a tener durante toda la semana, todos los días a las 8:00 pm. Ahí estaba yo. Quería aprender, así que esta vez llevaba una libreta donde anotaba todo lo que iba entendiendo. Hablaron cada día diferentes temas con respecto a la persona del Espíritu Santo. Cuando llegó el jueves hablaron de la venida del Espíritu Santo en Pentecostés, el momento en que los discípulos recibieron la capacidad para ser testigos.

Yo estaba sorprendido de lo que estaba aprendiendo, muchas de las cosas que explicaban las estaba viviendo yo o las había vivido en los últimos meses. Por alguna razón tenía sentido para mí todo lo que escuchaba, así que no dudé, en absoluto, cuando nos invitaron a pedir a Dios en oración que nos diera Su Espíritu en nuestra vida.

Yo sé que ese día algo cambió en mí, no solo comencé a orar de una manera distinta, sino que Dios me dio denuedo para hablar, me dio poder para vivir una vida en libertad, me dio hambre de conocer más y entonces leía la Palabra todos los días.

IV

Estaba en mi depa en Monterrey, ese lugar se convirtió en *home studio* para un nuevo proyecto que armamos. Vivía solo, así que llegaba medio mundo a tomar y fumar. Un año antes festejamos ahí uno de mis cumpleaños. Era un departamento muy pequeño, pero nos trajimos un Fara Fara norteño que estuvo tocando la misma canción una y otra vez, solo por mi necedad. «Toquen la de *Un puño de tierra*», les decía yo.

«Fermín, pero esa la acaban de tocar».

A lo que yo solo contestaba:

«Pues denle otra vez».

Y la escena se repetía.

Ahora, con Dios obrando en mi vida, medio mundo llegaba, pero no me gustaba que fumaran dentro del departamento, así que les sacaba la hielera al patio. Todo estaba cambiando, pero yo no sabía qué tanto tenía que cambiar.

Lo que sí seguía sucediendo eran las sesiones de grabación. Cuando digo *home studio* es lo que se tenía en esos años, a finales de los 90. Para grabar los demos teníamos un 4 track, donde poníamos la música en dos canales y nuestras voces en los otros dos. Nos habíamos nombrado: «Artillería Pesada».

Yo sé, el segundo disco de Control Machete se llamaba *«Artillería Pesada» presenta…*, pero nos gustó el nombre y lo adoptamos. Sabíamos que causaba confusión, porque no era el grupo Control Machete sino otro, pero aun así nos presentamos un par de veces con ese nombre. El grupo estaba conformado por el Maigaz y el Piochaz de La Flor de lingo. Y los tres raperos de un grupo llamado Bastardoz: Javu, Fide y Valdo.

Habíamos decidido escribir sobre el arte de rapear, de hacer rimas. Nuestras canciones hacían mención de la poesía y el arte, sin dejar a un lado la competencia. Decir que uno era mejor que el otro había sido un recurso utilizado en el rap desde hacía muchos años y nosotros lo adoptamos como bandera. Digamos que era un poco más pensado, buscando mejorar con cada canción.

Una canción era la que más nos gustaba a todos, la del Predador. Una donde tres de nosotros interpretábamos distintos personajes: un ladrón, un empresario y un cazador. Era un relato bastante atractivo. Donde dialogábamos mientras rimábamos. Estaba muy interesante, y en vivo funcionaba muy bien. Porque sobre el escenario se veía como una batalla, pero contando una historia que te atrapaba desde el principio.

En este juego no existen las reglas
El gran ladrón se adapta sin ellas
Sr. Alvarado a su disposición
No soy la presa soy el predador

El coro se iba adaptando al personaje que lo iba rapeando, todos dentro de la historia decían lo mismo: *No soy la presa, soy el Predador*.

En el clímax de la historia dos personajes se apuntaban con un arma y morían simultáneamente. Era una historia solamente, no hablábamos de matar a nadie ni mucho menos. Solo desarrollábamos los personajes al punto de narrar una pelea con palabras llenas de acción. Pero ambos terminaban muertos.

Mientras pasaban los días yo iba conociendo más de Cristo y comenzaba a tomar decisiones que me acercaban más a Su propósito para mí, yo sabía que Él tenía un plan y solo quería hacer Su voluntad. Así que sobrellevaba el formar parte de este proyecto pensando que no ofendíamos a nadie con las canciones que habíamos hecho. Pero esa canción, esa que para todos era su favorita, me daba vueltas en la cabeza.

Recuerdo que pedí hablar con todos ellos, nos sentamos en la sala de mi departamento a hablar. Yo me sentía incómodo de rapear esa canción, y solo planeaba decirles que mejor alguien más la interpretara, que si era necesario modificar la letra lo hicieran pero que yo no me sentía cómodo poniendo mi voz en ella, interpretando uno de los personajes.

Cuando les dije, no les pareció, pero con solo seguir teniendo la canción, aceptaron que alguien más la hiciera. Pero uno de ellos me preguntó: «¿Hay alguna otra canción que te haga sentir incómodo?».

Eso no me lo había cuestionado. Recuerdo que frente a mí tenía una libreta con la lista de las canciones que habíamos hecho hasta ese momento. La primera era *Predador*, y esa ya habíamos quedado que la íbamos a modificar para que yo no la hiciera. Pero empecé a ver la lista y de alguna manera sentí que Dios me decía: «La siguiente canción tampoco deberías hacerla». Yo sentía eso dentro de mi corazón y cuando ponía mi mirada en el título de otra canción sentía lo mismo.

Era como si Dios me estuviera guiando a través de una sensación interna que me confirmaba qué hacer. Cuando empezamos a nombrar cada una de las canciones, por dentro yo sentía: «Esa tampoco».

Al final de la lista, en mi mente, ya no quedaba ninguna, así que lo dije directo y simple: «Gente, yo creo que ustedes tienen que seguir sin mí».

No fueron las palabras que querían escuchar, dejar el grupo representaba que las posibilidades de grabar un disco y después salir de gira disminuían. Yo lo sabía, y ellos lo sabían, pero yo sentía paz y ellos rabia. Cada uno se fue saliendo del depa despidiéndose de mí, pero el Maigaz cuando se levantó de donde estaba, me dejó con la mano extendida, y azotó la puerta.

Se había quedado el Piochaz (Erick Santos); era el más cuerdo de todos y tan solo se volteó a verme y me dijo: «¿Qué te está pasando, Fer?».

No esperé que me preguntara eso, pero le tomé la palabra y lo llevé a la cocina, tenía mi Biblia ahí y la abrí en Romanos capítulo 8 y le leí el versículo 6.

> *Porque el ocuparse de la carne es muerte,*
> *pero el ocuparse del Espíritu es vida y paz.*

Se lo leí y dando un paso atrás lo miré. Él solo levantó los brazos como diciendo: Necesito que me expliques un poco más.

Yo solo le dije: «Pues eso, eso que dice ahí. Necesito ocuparme del Espíritu y no ocuparme de la carne».

Para mí tenía suficiente significado, pero a él no le hacía sentido. Me imagino que se preguntaba qué tenía que ver todo eso con la decisión que al parecer había tomado tan espontáneamente hace unos minutos.

«*Bro*, el ocuparme de las cosas del Espíritu es vida y paz, el estar involucrado en las cosas de Dios, en lo que Él quiere, eso es lo que necesito hacer en este momento, y eso me traerá paz, vida. ¿Entiendes?».

Solo se dirigió a la puerta lentamente, como si esperara que le dijera algo más, y abriéndola solo dijo: «Estás loco Fermín. Neta, *bro*».

V

Mi vida la comparaba con un camino que estaba recorriendo y por mucho tiempo yo tenía el volante en mis manos y decidía por dónde ir. Y mientras yo estaba en el asiento del piloto me metí en muchos problemas, porque en realidad no tenía un mapa por dónde dirigirme, no sabía por dónde ir, y si alguien se atrevía a decirme por dónde ir, lo que hacía era lo contrario. ¿Por qué lo hacía? Solo por rebelde. Con tal de no hacer lo que me dijeran.

Viviendo de esa manera terminé cayendo en muchos baches, chocando múltiples veces, atropellando gente, abandonando a otros. Tener el volante en mis manos no me había traído algo bueno. Sí, había encontrado en la música la oportunidad de expresarme y me había llevado a muchos lugares, pero mientras yo siguiera dirigiendo mi propia vida iba a causar un accidente múltiple.

No puedo dejar de pensar en cuántas personas dejé en el camino, a cuántas usé para mi propio beneficio, lastimando y olvidando lo que había hecho. Era muy fácil para mí pisar el acelerador y dejar atrás. Aún más fácil, dar una vuelta donde no se dieran cuenta y tomar otra ruta.

Cuando llegué a conocer el amor de Dios, me rendí, lo creí y me agarré de Él. Había conocido la verdad y la abracé para nunca soltarla. La verdad abrió mis ojos y me hizo ver la verdad de todo. La abracé y dejé todo. Y las cosas que dejé eran cosas que en cualquier momento me podían quitar o las podía perder.

Había apostado todo, mi fe, mi vida, mi futuro en Aquel que había dado Su vida por mí. Pero ahora tenía que soltar el volante.

Tenía que dejar de tomar las decisiones basadas en lo poco que sabía y en la confusión del momento. Necesitaba una guía, necesitaba que Dios tomara el volante.

Fue en ese momento que lo dejé tomar ese lugar, me senté en el asiento del acompañante y descansé. Él sabría a dónde llevarme, qué camino tomar, qué caminos tenían menos baches y a qué velocidad debía ir. Sin duda sabía frenar a tiempo. Me senté a un lado y dejé que Él lo hiciera. Era como decirle a Dios: «Ahora que soy tuyo, ahora que me has dado una nueva vida, quiero que tú seas el que la dirija. No volveré a tomar el volante, es tuyo».

Unos años después escuché una canción de los 70, de una banda que formó parte del Jesus Movement en California, la banda se llamaba Love Song y la canción era *Front Seat, Back Seat.*[1] Cuando la escuché me di cuenta: necesitaba no solo dejarle el volante, era mucho mejor irme a la parte de atrás.

Si vas a un lado todavía le vas dando instrucciones al que va manejando, presionas para que dé la vuelta donde tú crees que es mejor. Y si no toma lo que tú consideras el camino corto, te molestas. Pero cuando vas en el asiento de atrás, los que van atrás tan solo van disfrutando el viaje, confiando que el que maneja sabe cuándo y adónde llegar.

No quiere decir que los caminos que ha tomado mi vida han sido sencillos, no, en ocasiones hemos enfrentado malas condiciones, altas temperaturas y caminos rocosos, pero es una gran diferencia saber que Él maneja, y que Él sabe por dónde ir. Si nos

---

[1] Una frase de la canción dice: «Pero ahora he probado el asiento de atrás, y descubro que es un gran alivio; ahora viajo en el asiento de atrás, y le dejo la conducción al jefe» (Chuck Girard, Tom Coomes, 1971).

mete a caminos así, Él nos pasará por ahí hasta llegar a nuestro destino. Y créeme, Su destino es mucho mejor de lo que imaginas, y mucho mejor de lo que deseamos.

Había decidido ya no seguir luchando por vivir en mis fuerzas, quería ocuparme del Espíritu y recibir la bendición de hacerlo.

CAPÍTULO 10

El amor como lo estoy viviendo

Mis días junto a ti son perfectos
Verte a mi lado es como estar
en un rincón del cielo
tengo dos girasoles para ti, pequeña:
en este mundo eres todo para mí
MIS DÍAS JUNTO A TI,
FERMÍN IV, 2015

I

2001

«Esta la hacemos solo nosotros», me dijo Toño. «No te preocupes». Se refería a una canción para el tributo a la película *Amores perros*.

Y no me pareció extraño, ya habían hecho una canción ellos solos, el tributo a Soda Stereo. No puedo estar seguro, pero los cambios que habían comenzado en mi vida ya estaban jugando un papel en mis relaciones personales, y también laborales. Creo que ese cambio les hizo decidir hacer la canción sin mí, y a mí me cayó muy bien, así podía seguir yendo a la iglesia, y seguir trabajando en Artillería Pesada.

El día de hoy *Amores perros* es todo un icono del cine mexicano. «El negro» Iñárritu, a partir de esa película, ha trabajado con artistas sumamente reconocidos y ha ganado premios internacionales por sus últimas películas. Pero en ese entonces era conocido por haber sido un exitoso locutor de radio y había realizado algunos proyectos audiovisuales para compañías bastante grandes. *Amores perros* era su ópera prima. De la mano del escritor Guillermo Arriaga tenían bajo su hombro algo espectacular.

Nos habían dado una copia previa de la película, un corte que no llegaría a ser el final pero que capturaba perfectamente el corazón de la película. Estaban llamando a diferentes bandas de rock para hacer lo que ellos llamaban: un tributo a *Amores perros*. ¿Tributo? Aún no sale la película, pero parecía que ellos sabían lo que esta lograría.

Pasaron algunas semanas y recibí una llamada de Toño para ver si podía involucrarme en la canción que estaban componiendo, así que me puse a ver la película una vez más, ya la había visto, pero no me había clavado en ella, ya que no iba a participar en la canción que nos estaban solicitando.

Yo alcanzaba a ver un patrón en los personajes de esa historia, cada uno de ellos codiciaba algo que no le pertenecía. No estaban satisfechos con lo que ya tenían y el querer un poco más los había llevado a perderlo todo. ¿Qué codiciaban? Ya sea la esposa del hermano del protagonista, o una pelea ganada más para conseguir un poco más de dinero, o abandonar a su familia por la modelo de moda o un perro más, cuando el personaje ya tenía decenas de ellos.

Un poco más, para intentar llenar esa insatisfacción.

II

La conocí en mayo del 97. Cuando llegamos a Acapulco formando parte del Festival que año con año ahí se realizaba, a ella la habían asignado para cubrir los conciertos del lugar donde íbamos a tocar.

Cuando la vi, me enamoré de nuevo, pues ya nos habíamos visto un par de semanas atrás en el Distrito Federal, nos habíamos conocido y nos habíamos dado un beso. Solo eso. Pero ahora estaba sentada en una banca detrás de la cámara que se enfocaba en nosotros.

«¿No me vas a regalar una a mí?», me dijo mirándome a los ojos, coqueteándome.

Nos habían entregado unas playeras con el logotipo del grupo, eran negras, de cuello V, y eran para mujer. Yo le tomé el brazo al mánager personal y le dije al oído: «Consígueme una».

«Claro, ahí tengo la tuya», le dije mintiéndole. Solo quería impresionarla.

Toda la entrevista nos quedamos viendo uno al otro. Particularmente en esta entrevista no contesté preguntas, solo estuve dentro del cuadro. Quizás si encontramos ese videoclip, mi mirada extrañamente no estará en la cámara, sino a un lado, detrás, donde estaba ella. No podía retirar mi mirada de ella.

El concierto estuvo repleto, a pesar de que veníamos de hacer un par de canciones en un centro comercial que estaba sobre la avenida principal de Acapulco, la costera Miguel Alemán. Los fans habían abarrotado el lugar, no recuerdo mucho del concierto. Pero de lo que pasó después sí. Nos quedamos solos en la cocina del Hard Rock, en una sección donde había unas mesas, ella se sentó enfrente de mí y platicamos. Yo tenía un humor negro, así que ella no entendía mucho lo que le decía.

Tenía cuatro años más que yo, y eso representaba un reto para mí. Conquistarla se había convertido en mi objetivo. O salía de ahí con una cita con ella cuando regresara a la Ciudad, o no salía de ahí.

En eso llegó el mánager a decirme: «Oye, nosotros salimos en una hora en carretera, pero si te quieres quedar, te puedes ir mañana en avión, el vuelo sale a las siete de la mañana, pero eso lo pagas tú, ¿eh?».

Si eso me hacía estar unas cuantas horas más con ella, estaba dispuesto a pagar el boleto. Así que le dije que sí.

«¿Ya se van?», me preguntó ella. Yo le dije: «Ellos se van, yo me quedo».

Después de esa noche yo sabía que había algo más. Recuerdo que al siguiente día, camino a Ecatepec para dos conciertos, ya en la camioneta, le dije a Pato: «Ella tiene algo que ninguna otra tiene».

«¿No me digas que se va a convertir en mi comadre?», dijo mientras le daba un jalón a su cigarro y se reía. «Estás loco Fermín».

Él sabía bien cómo era yo puesto que habíamos convivido los últimos meses casi a diario, viajado por muchas ciudades y conocía la forma en que yo me relacionaba. Eso le había dado suficientes herramientas como para decirme precisamente eso, que estaba loco.

Pero yo sabía que no lo estaba, había conocido al amor de mi vida, y difícilmente se iba a deshacer de mí.

Los conciertos en Ecatepunk, como también se le conoce, habían estado repletos, la fama de Control se había extendido por todos lados. Un día antes habíamos reventado el Hard Rock Café de Acapulco y ese día hicimos dos espectáculos, uno tras otro en el mismo lugar y los dos estuvieron completamente llenos. Y no parábamos, al día siguiente tomamos un vuelo a Ciudad Obregón. ¿Cuándo iba a volver a verla?

No eran tiempos donde podías estar en contacto en cualquier momento, las comunicaciones en 1997 no eran tan accesibles y amigables como ahora.

¿Cuándo iba a volver a hablar con ella? Quién sabe.

III

«¡Hola!», escuché al levantar el teléfono en Ciudad Obregón, en el hotel. La voz la reconocía, no había parado de hablar de ella con todo mundo, claro que sabía quién era.

Le dije: «¿Cómo conseguiste el número?».

«Yo tengo mis contactos, y sé dónde andas», me contestó con una voz pausada y coqueta.

Tere trabajaba en Telehit, un canal de videos que se había convertido en la competencia de MTV Latino, su alcance era más local, en México. Ella llegó ahí por amistades, un día el productor se interesó en su amiga Mónica en Rockotitlan, una sala de conciertos, y le dijo que hiciera un *casting* para ser conductora del canal. Y cuando supo que Tere era fotógrafa, la invitó a hacer la fotografía fija de todos los conductores y, con el tiempo, de los artistas que visitaban el canal.

Llevaba algunos años trabajando junto a Mariana Yazbek y habían hecho fotografía para muchos artistas y algunos equipos de fútbol como el Atlante, y al final viajó con la Selección Nacional al mundial en Estados Unidos.

Claro que tenía contactos, ahora estaba como asistente de producción y se encargaba de la coordinación artística. Ella tenía contacto con todas las disqueras y todos los mánagers, ella hacía todo lo que estaba en su poder para llevar a los artistas a los diferentes programas.

El día que la conocí por primera vez, fue en el BullDog, un antro del que no salíamos en la Ciudad de México. Nos quedaba a la vuelta del hotel y nos daban acceso libre. Esa noche llegó al lugar Saul Hernández, de Caifanes, junto con otras personas. Lo llevaron a una zona VIP y cuando nos preguntaron si lo queríamos conocer, pues dijimos que sí.

En la zona donde estaban ya no cabía nadie, y como yo entré al final, quedé lejos de donde se encontraba Saul, pero cerca de ella, el único lugar para sentarse era a su lado. Desde que me senté me di cuenta de que tenía una sonrisa espectacular, su piel morena resaltaba junto con sus rizos negros que se deslizaban por su espalda hasta la cadera. Sus ojos pequeños me cautivaron y yo no tardé en hacer mi movida. Comenzamos a platicar de cualquier cosa, me presenté y me hice el interesante.

A pesar de mi humor negro, nos enganchamos los dos desde ese momento.

Con Saul no conversé nada, pero con ella quería tener mucho más que solo una conversación. Mi vida en ese momento estaba demasiado revuelta, no tenía claro lo que estaba sucediendo, era como estar en un huracán que te levantaba, te mareaba y te depositaba en otra ciudad sin darte cuenta.

Por eso cuando me di cuenta de que me estaba llamando a mi hotel, supe que ella también estaba interesada en mí. Eso era. No había otra razón, ella estaba tan enganchada como yo.

IV

¿Amores perros? ¿Por qué se llamaba así?

Es claro que los perros son muy importantes en el desarrollo de las tres historias en la película, pero ¿amores? Lo que yo veía en la película era más «pasión» que «amor». Las decisiones que toma cada uno de los personajes eran más pasionales que guiadas por el amor. La falta de algo que quieres puede llevarte a tomar decisiones desde las vísceras, sin medir las consecuencias y lo que pudiera pasar.

Cada personaje desataba sus instintos al desear algo que no era suyo y los perros estaban ahí como esa mecha que encendía la serie de sucesos que los llevaba a la ruina. Cuando me senté a escribir la letra, no estaba en el mismo lugar que hacía unos meses, mi vida había tomado un rumbo distinto. El escritor, el compositor, no puede separar su vida de su obra, e indudablemente refleja sus convicciones. Al menos para mí había sido de esta manera.

Rutina repetitiva que constantemente termina
Vuelve a empezar de nuevo da fruto la semilla
¿Por qué envejeces? ¿Por qué tu piel se va arrugando?
El paso del tiempo una broma te está jugando
Sabes que la codicia puede llevarte a la ruina.
¿Quieres solucionarlo? ¡Bórrarlo de tu vida!
De perros amores, Control Machete, 2000

El rap era un reflejo de lo que yo vivía y pensaba, pero aquí tenía una película como inspiración y no podía dejar de verme dentro de la historia. Así como cada personaje había convergido en un accidente y, después de experimentarlo, no eran los mismos, así me había pasado a mí.

Muchos veían lo que había pasado en los últimos meses y no entendían por qué ya no era el mismo de antes. Como un accidente, mi vida había sido impactada, había chocado con el amor de Dios y no salí de ahí igual. Al experimentarlo me había transformado.

V

Yo había estado muy viciado, mi insatisfacción me llevaba a romper mis límites constantemente. Si no era una cerveza más, era un churro más, era una chica más. No me detenía con nada. Pero aquí estaba yo, conociendo a una mujer que me llamaba la atención más que cualquier otra, ¿cómo iba a lograr no romperle el corazón? El único amor que circulaba por mis venas era un amor a mí mismo. Y esa, esa es la fórmula perfecta para destruir lo que, según tú, más amas.

> *¿Quién iba a decir que Dios te trajo a mí*
> *Para conocer su amor por mí?*
> *Es que no sabía amar*
> *Sin duda no había forma de cuidar*
> *Tu corazón iba a romper si yo seguía igual*
> *Me encontraba en mi peor momento*
> *Egoísta hasta el extremo, mentiroso*
> *En la vida loca, fama y dinero me sentía lleno*
> *Pero vacío por dentro y no había nada que saciara mis*
> *deseos*

Y tú, me llevaste al lugar correcto
El amor de Dios me cambiaría por completo
Mis días junto a ti, Fermín IV, 2015

Qué fácil es confundir el «amor a uno mismo» con el «amor genuino». Por amor genuino hago referencia al amor que no hace distinción, que ama sin esperar nada a cambio, ese amor, como lo llama la Biblia, *ágape*, que es sacrificial y eterno. Y es que crecimos en una sociedad que confunde estos términos. De hecho, muchos tan solo conocen ese amor pasional, ese amor de «si me dejas me mato». Eso no es otra cosa más que egoísmo, dispuesto a mentir tan solo para no perder, para no sentir que soy menos. Es tan vano y pasajero que cuando se rompe no hay espacio para la reconciliación. Mejor buscamos a otra persona a la que le volvemos a decir: «Si me dejas me muero».

Así vivía yo. El destino de esta nueva relación era el mismo que habían tenido las anteriores.

Comencé a extender mi estancia en la Ciudad de México, si teníamos una gira y se interrumpía por unos días, en lugar de irme a mi casa, a Monterrey, prefería quedarme y pasar esos días con Tere. En una ocasión le llamé en la madrugada, yo no tenía hora para hacer lo que yo quisiera, pero no me contestó ella, me contestó su mamá. Después de unos segundos, cuando ella se dio cuenta de que no era una emergencia (¡claro!, ¿quién se atreve a llamar a las cuatro de la mañana?), le pregunté por Tere y ella me dijo: «Estas no son horas para llamar, esta es una casa decente».

Lo que menos tenía mi vida en ese tiempo era decencia, nos veíamos constantemente, o nos encontrábamos en el hotel o nos veíamos en su casa. Un domingo nos vimos para comer y se veía distinta, se veía muy contenta, como si su rostro se hubiera iluminado.

Le pregunté: «¿De dónde vienes? ¿En qué andas?», haciendo referencia a si se había metido alguna sustancia que la ponía así. Era muy evidente que algo tenía. Pero ella me contestó: «Vengo de la iglesia. ¿No quieres acompañarme el próximo domingo?».

Yo no sabía qué pensar, no sabía qué responder. Esto era algo totalmente nuevo. Sabía que tenía algo distinto, pero ¿sería esto? Me le quedé viendo y por mi actitud ella tan solo me dijo: «Yo soy cristiana».

Tan solo le sonreí, y le dije: «Yo soy Fermín».

Lo decía en broma, no sabía qué responderle o qué decir. Había crecido en una familia católica, había estudiado en una escuela «Marista», sabía de religión porque incluso en la adolescencia había dado catecismo a los niños de mi colonia. Pero todo eso se esfumó al final de la secundaria. Mi rebeldía me había alejado de cualquier cosa que tuviera tintes de «espiritual».

Pero algo me había quedado claro, que había sectas que aparentaban ser cristianas, pero era solo eso, una secta. Así que después de decirle eso, me surgieron algunas preguntas: «Tú eres de los que no creen en los santos y la virgen, ¿verdad? Hay cosas que me enseñaron que ustedes no creen».

No recuerdo si fue en ese mismo momento, pero ella me regaló una Biblia, era más grande de la que me dieron en mi primera comunión. Era una Biblia de Estudio, tenía algunos comentarios que ayudaban a entender lo que decía. Y cuando me la dio, lo sentí como un reto, porque me dijo: «Búscalo tú mismo».

Comencé a buscar en esa Biblia algunos pasajes que yo recordaba y no los encontré, pero mientras buscaba leí cosas que no me habían enseñado.

Estaba tan alejado y la imagen que yo tenía de Dios, era de uno que si me equivocaba, que si yo pecaba me iba a castigar. Típico, pensaba que, si te portas bien, te bendice, si te portas mal, te va mal. Una especie como de karma. No encontré lo que buscaba, pero entonces leí: «Mas Dios muestra su amor para con nosotros, en que siendo aún pecadores, Cristo murió por nosotros».

Nunca había leído eso, y por un momento lo entendí. ¿Cómo? Dios había mostrado Su amor, lo demostró de una manera, entregando Su propia vida. ¿Quién hace eso? Y no la dio por alguien bueno, sino por un pecador.

Así vivía yo, era un pecador, no había duda. La culpa se había diluido con el tiempo, la vergüenza se había disfrazado y no la percibía como antes, pero sí recuerdo cómo me sentía cuando sabía que estaba haciendo algo que me lastimaba o que lastimaba a otros. Ya se había hecho callo en mi corazón y en mi mente. Pero el día que leí esas palabras, era como un rayo de esperanza. Él me amaba a pesar de cómo era yo, y lo había demostrado.

Finalmente fui a la iglesia, y Dios me transformó.

Es por eso que tenía una nueva perspectiva de mi vida y del amor.

VI

2002

La canción que habíamos hecho para la película, la habían elegido para ser el sencillo del álbum tributo. Y a algunas de estas canciones les harían un videoclip. Así que, cuando regresamos de nuestra luna de miel me llamaron por teléfono. Estábamos en un año sabático y no estábamos haciendo nada con Control. Pero todos estaban emocionados, y mucho más cuando se enteraron de que el video sería dirigido por el mismo Alejandro Iñárritu.

Cuando me contaron la idea del video, no me gustó. Iban a recrear un escenario que aparentaba un *«peep show»*, íbamos a entrar los integrantes del grupo junto a Ely Guerra, que había participado en la canción, a unas salas individuales donde, al poner unas monedas, se levantaba una cortina y nos permitiría ver a perros copulando y parejas de todo tipo besándose apasionadamente.

Digo, parecía lógico con el tema de la película, y sobre todo con el tema de los perros como eje central de la historia, pero a mí no me parecía algo que me emocionara hacer. No quería participar. ¿Pero cómo podía expresarlo? ¿Cómo decirles que no?

Recuerdo que estando con mi esposa, tomados de la mano, sentía que lo tenía todo. El amor de Dios me había inundado, me había cambiado y era algo que estaba experimentando cada día que pasaba. Estaba viviendo una nueva vida. Había nacido de nuevo. Para mí el amor no era algo tan solo pasional, sino algo profundo, tan profundo como el amor que llevó a Jesús a morir por un pecador como yo, tan profundo como la promesa que le había hecho a mi esposa. ¿Cómo podía proyectar eso ahora?

Tan solo se me ocurrió decir: «Para mí el amor es lo que estoy viviendo hoy, me acabo de casar, vengo de mi luna de miel. Y el amor es Dios, a quien estoy descubriendo y conociendo en estos días. ¿Qué les parece si salgo abrazando a mi esposa al final del video?».

Del otro lado de la línea, estaban los demás, incluido el asistente de dirección, y después de un breve silencio, él fue el que dijo: «Está increíble, los ponemos girando en el centro y ¡listo!».

No lo podía creer. Para mí el amor era lo que estaba viviendo en ese momento. Y tenía la oportunidad de mostrarlo.

Nunca me imaginé que ese sería el último video en el que saldría con parte de Control Machete. En ese momento no había ni siquiera una idea de salir del grupo o algo semejante. Tan solo estábamos en un receso. Pero se había juntado con la unión con aquella mujer, que no solo llenó mis ojos cuando la conocí, sino que me llevó a conocer el amor como nunca lo había conocido. Un amor más allá de todo lo que yo pensaba.

Si hay algo que no puedo más que agradecer a Dios, es que me enamoré de la mujer que me llevó a conocer cuánto me amaba Él. Lo recuerdo cada domingo que salimos de Semilla (nuestra comunidad de iglesia), cuando pasamos justo frente al edificio siempre me lleva a pensar: yo no estaría viviendo lo que vivo el día de hoy, experimentando hasta el día de hoy el amor de Dios, si no hubiera conocido a mi pequeña. Generalmente le agarro la mano. Así, vivimos el amor de Dios.

Una nueva vida, una nueva historia. Una página nueva en mi memoria.

CAPÍTULO 11

No podría
estar mejor

Deja te cuento, soy yo, pero nuevo
Un poco más ligero eso lo confieso.
Me quitaron de lo profundo el miedo
Y de encima los malos recuerdos
De mi interior me quitaron los complejos
La culpa la alejaron, y la dejaron lejos.
Me libraron de la muerte y del infierno
Y me preparan una casa en el cielo
Si te preguntan cómo estoy
Diles que estoy bien, no podría estar mejor.
No podría estar mejor,
Fermín IV, 2014

I

2OOI

Era una época donde me la pasaba llorando mucho. En el camino rumbo a la iglesia o en el regreso a casa después de la iglesia. ¿Por qué? Simplemente me salían lágrimas al ir cantando alguna canción. Al recordar un versículo de la Biblia o el mensaje que acabábamos de escuchar. Era demasiado.

Pero sentía que me estaba limpiando, era como si las lágrimas comenzaran a arrastrar aquellas cosas que estorbaban, aquellas cosas que comenzaron a corromper mi corazón, mi mente, mi carácter. Pero ahora estaba siendo limpiado.

Y no creas que eran lágrimas de tristeza o por un sentimiento de pérdida, no. Me sentía mejor que nunca, pero alguien había abierto la llave y yo no podía cerrarla. Me sentía completo, como si lo tuviera todo, pero nuestra situación era precaria. Bastante.

Esa noche llegamos a nuestra casa en Cuernavaca un poco más tarde de lo normal, nos habíamos quedado más tiempo en la Ciudad de México con los hermanos de Semilla, vivíamos en Palmira, en un condominio relativamente nuevo. Eran cuatro casas, de las cuales solo dos estaban ocupadas, la otra estaba lista para habitarse, pero la cuarta estaba literalmente en obra negra. No tenía ni siquiera puertas la casa. Ese día me bajé a abrir el portón y noté que estaba más oscuro que lo normal.

Toda la calle privada estaba a oscuras, las luces de las áreas comunes estaban apagadas.

«Está muy oscuro, ¿no?», me dijo mi esposa.

La casa estaba del lado izquierdo después de una gran bajada, teníamos nuestro cajón de estacionamiento y entré a él.

La entrada de la casa estaba al bajar unos escalones, en un pasillo que estaba rodeado de plantas, en realidad era un lugar muy hermoso. Mi esposa y yo recordamos este tiempo como un hermoso tiempo de aprendizaje y de comunión con Dios.

Le dije a mi esposa que me esperara en la parte de arriba de la escalera, mientras revisaba por qué estaba todo apagado.

Pero no medí la cantidad de escalones, pensando que ya había bajado todos, el paso que di hizo que se me doblara el tobillo y caí por completo al suelo, justo frente a la puerta de entrada.

«¿Estás bien?», escuché su voz, mientras el dolor se acrecentaba en mi tobillo.

«Me caí», le dije, con una voz que sonaba adolorida.

No podía levantarme, no podía apoyar mi pie. Así que como pude abrí la puerta, y al abrir la puerta encontré el interruptor, pero no encendía ningún foco, yo tenía la esperanza de que tan solo habíamos dejado todas las luces apagadas, pero no fue así.

Cuando bajó mi esposa y alumbró con una lámpara que teníamos en el clóset de entrada, mi pie estaba tan hinchado que batallé para quitarme el tenis y el calcetín. No sabía si me lo había roto, pero se sentía roto, el dolor era demasiado en medio de la oscuridad de la casa.

No teníamos luz, nos habían cortado la luz, y no era la primera vez, era la tercera vez en este último año.

II

Mi esposa ya no estaba como asistente de dirección en Telehit, sino que ahora era la coordinadora artística del programa que había sustituido a «Siempre en domingo». Sí, era el programa de domingo en horario de máxima audiencia, donde los artistas más grandes se presentaban.

Habíamos decidido que mi esposa dejara su trabajo en Televisa, era un buen trabajo y con un buen sueldo, pero teníamos un gran anhelo de estar aprendiendo día tras día sobre Dios, así que no lo pensamos mucho. No queríamos estar distraídos con nada; nos mudamos a Cuernavaca sin trabajo, sin ahorros, tan solo con mucha fe.

¿Cuernavaca?

Los primeros meses como cristiano los había vivido en Monterrey, y en la iglesia donde me congregaba se acercó a mí el tecladista de la banda que tocaba cada domingo, César Garza. Yo no lo conocía, después me enteré de que tenía una gran trayectoria en la música cristiana, había producido el disco «Adoremos» de Marcos Witt, álbum considerado como el antes y después de la música cristiana contemporánea. Y tenía un proyecto llamado «Alas de águila».

«Tú vas mucho al DF, ¿no?», me preguntó después de haberse presentado.

En esa época yo era demasiado introvertido, prefería no hablar con nadie. Así que, un simple sí fue suficiente como respuesta.

César estiró la mano y dándome un papel doblado me dijo: «Ahí hay una iglesia que se llama Semilla de Mostaza, el pastor es Héctor Hermosillo, es músico, creo que te vas a sentir muy a gusto allí».

Pasaron varias semanas y varias visitas a la Ciudad de México hasta que me animé a llamarlo por teléfono. No tenía ni idea qué conversar con él, no sabía quién era, la única referencia que tenía de Héctor era que formaba parte de un grupo llamado Torre Fuerte. Me habían regalado un casete de ellos, cuando me lo dieron me dijeron: «ahí hay una canción de rap». Cuando lo escuché, me tardé varias canciones hasta encontrarlas y no, eso no era rap, hacían unas líneas rapeando, pero no era rap.

César solo me había dado el teléfono, pero no me dio información sobre la iglesia o de los horarios de su reunión ni su dirección. Si quería visitarla tendría que hablarle para preguntarle todo esto.

Un día me animé, era un teléfono de Cuernavaca y tan solo le dije que me habían dado su teléfono, me presenté un poco y le platiqué que ahora era cristiano. Quedamos de vernos el martes para desayunar y conocernos, antes de que llegara el siguiente domingo. Antes de colgarme me pasó a Hugo, me dijo: «Platica con él». No recuerdo en absoluto nada de lo que platicamos ese día.

El martes llegué al Saks de Barranca del Muerto, Héctor ya estaba allí, nos saludamos y platicamos. Fue tan fluida la conversación que parecía que nos conocíamos de muchos años. Me contó su historia, yo le conté mi historia. De ahí nació una amistad que conservamos hasta el día de hoy.

Como era músico, se interesó en esa parte, y yo le comenté que había comenzado a escribir algunas rimas nuevas, tenía un par de canciones que había escrito en Monterrey, que expresaban lo que había encontrado en mi relación con Dios: una nueva vida y libertad.

III

Cuando llegó el domingo, Tere y yo nos preparamos para ir por primera vez a Semilla de Mostaza. No sabíamos qué esperar, ella había ido a la misma iglesia por doce años. Y llegamos justo cuando había terminado la reunión o eso es lo que parecía. En ese momento se reunían en el auditorio, dentro de una escuela, sobre el patio. Camino a la entrada venían algunos que, con su Biblia bajo el brazo, se retiraban. Decidimos entrar.

En cuanto entramos vimos a un joven que se encontraba en medio del lugar que, al vernos, gritó mi nombre y brincando entre las filas y caminando sobre los respaldos de las butacas llegó hasta donde estábamos y nos dijo: «Soy Hugo, el que habló contigo por teléfono». Y nos dio un abrazo demasiado cariñoso. Nunca olvidaré ese recibimiento, era muy evidente que nos estaban recibiendo con los brazos abiertos.

Esa fue la bienvenida que recibimos en cuanto entramos a Semilla, se sentía el amor con ese abrazo que recibimos.

Héctor estaba al frente platicando con algunas personas, así que nos acercamos y le presenté a Tere, estábamos a unos meses de casarnos. En cuanto terminamos de saludarnos, me dijo: «Tú tienes algunas rimas, ¿verdad?».

Y llamó a toda la banda a que se subieran al escenario y comenzó a montar una base para que interpretáramos las dos únicas canciones que tenía en ese momento. Es ahí donde entendimos que habíamos llegado en el receso entre dos reuniones, estábamos a 20 minutos de que iniciara la segunda. Y en ese tiempo, Héctor armó con la banda la base y la estructura de dos canciones.

El talento dentro de la banda era evidente, desde él, dirigiéndolos, hasta cada uno en su instrumento. Le dimos una vuelta y me dijo: «Ahorita que comience la reunión las cantamos, ¿va?».

Yo solo le dije: «¡Va!».

Regresé a donde estaba Tere sentada y nos quedamos viendo, aun no comenzaba la reunión, pero ya nos sentíamos parte de lo que estaba sucediendo, no entendíamos mucho en ese momento, pero estábamos felices.

La reunión comenzó con algunas canciones y yo volvía a llorar en mi lugar. Todo lo que exaltaba a mi Señor, ya sea una canción o una oración me hacía sentir un agradecimiento muy profundo en mi ser, como si algo se activara dentro de mi corazón y me conectara con algo mucho más grande que yo. Estaba comenzando y todo era nuevo para mí. Cada frase, cada versículo, cada oración resonaba dentro de mí como si fuera algo que ya conocía antes, pero lo había olvidado. Sonaba familiar y a la vez completamente nuevo.

Después de unos anuncios, Héctor me llamó al escenario, pidió un aplauso para Tere y nos pusimos a rapear con toda la iglesia. «¡Una nueva vida! Transformación, espiritual sobrenatural. Buscando: Libertad nueva, naturaleza nueva». Los que estaban ahí rápidamente comenzaron a acompañarnos gritando: «¡Nueva! ¡Nueva!» como respuesta en los coros.

Cuando nos bajamos, pusieron una porción de una película, era una porción del Evangelio de Mateo, el inicio del Sermón del Monte.

En cuanto terminó, Héctor subió y con la Biblia en la mano comenzó a explicar cada pasaje de esa porción, cada frase, incluso cada palabra. Estaba enseñando de una manera en que podíamos entender. Yo solo volteaba a ver a mi esposa y podía ver su cara de sorpresa, tomaba su pluma y anotaba todo lo que podía. Fue un domingo increíble, no porque había subido con la banda, nuestra conversación se centró de camino a casa, en el hecho de cómo habíamos entendido la enseñanza.

«Llevo doce años en la otra iglesia, y creo que hoy entendí muchísimo más que cualquier otro domingo». Me decía con su voz llena de alegría: «¡hay que volver el próximo domingo!».

IV

En ese tiempo no hablábamos mucho, se había terminado el año sabático y después de una visita a Monterrey donde los tres definimos que estábamos caminando en rumbos distintos, no hablábamos.

Pero yo sabía que en algún momento íbamos a volver a hablar, estábamos de cierta manera unidos por un compromiso que habíamos hecho con la disquera. Firmamos con Polygram por tres discos, habíamos hecho dos que habían resultado un éxito inesperado para todos.

Yo estaba felizmente casado, viviendo en Cuernavaca, nos la pasábamos en casa de Héctor y Gaby todo el tiempo, así que cuando recibí la llamada, la recibí un día que estábamos con ellos. Mi cara fue cambiando mientras avanzaba la conversación en el teléfono.

«Tenemos que hacer el tercer disco», escuchaba en el auricular «y necesitamos ir a la compañía».

«Pero no, yo ya estoy fuera del grupo.,.». Cuando lo dije, mi esposa se acercó para preguntarme con quién estaba hablando, mi rostro había cambiado de semblante y ellos lo habían notado.

Me salí al patio para continuar la llamada y Tere me siguió. El clima era espectacular, y desde el jardín en la parte de atrás de la casa se alcanzaban a ver las montañas, todo se veía muy bien. El momento que estábamos viviendo al conocer a Dios mediante el estudio de la Palabra era maravilloso. No solo aprendíamos mientras nos enseñaban, sino que también habíamos aprendido mucho tan solo observando sus vidas. Sabíamos que esto que creíamos, nuestra fe, era vivible, se podía vivir.

Esta llamada me arrastraba afuera de ese ambiente, sabía que algo tenía que suceder, pero nunca lo pensé más allá.

«Ok. ¿Cuándo?».

La semana siguiente tendríamos que ir a la Ciudad de México y después de más de un año volver a estar juntos.

«¿Qué pasó Fermincito?». Se escuchó la voz de Gaby, la esposa de Héctor, desde dentro de la casa. Cuando entramos comencé a platicarles.

«Necesitamos entregar el tercer disco de Control», les dije mientras nos sentábamos en la mesa donde estaban las Biblias abiertas y las piezas de pan partidas en dos.

«Al parecer el CEO de Universal Music México quiere que vayamos a verlo a su oficina, me dicen que ya sabe que soy cristiano y que no le importa lo que ahora creo yo, tengo que grabar el disco».

Gaby se puso las manos tapando su boca, mientras Tere me agarraba la mano y se acercaba a mi pecho.

«¿Qué vas a hacer?», me preguntó Héctor; pero sin detenerse siguió: «¿Y si haces canciones de amor? Igual si propones temas así, no te comprometes tanto».

Yo me reí, se estaba rompiendo el ambiente tan serio en que se había convertido de pronto. Le dije: «No, Control no hace canciones de amor, y no creo que lo vayamos a hacer, el grupo tiene un discurso bastante definido».

V

Yo tenía varias canciones que había escrito y que reflejaban lo que ahora estaba viviendo, cuando se las enseñé a mis amigos que integraban Artillería Pesada, uno de ellos me dijo: «No puedes escribir de eso. El rap es de calle y drogas, ¡nada que ver con eso!».

«Carnal, en el rap se escribe real, lo que uno vive y siente, ¿no?». Le contesté: «Esto es lo que estoy viviendo yo, hoy».

Así que le platiqué al mánager de Control que tenía esos temas, pero él me dijo que los guardara que ni siquiera los mencionara. La verdad yo no sabía qué esperar. Lo que yo había entendido es que el CEO me iba a convencer para hacer el tercer disco. Pero en cuanto nos sentamos en la sala de juntas él preguntó: «¿Quién es el que se hizo cristiano?».

Su voz sonaba con autoridad, era el típico CEO que tiene una personalidad fuerte, que cuando habla se escucha hasta la recepción, que te miraba a los ojos y te intimidaba.

«Yo».

«Los cristianos también hacen música, ¿no? ¿Cómo la llaman?». Preguntó y contestó él mismo: «Gospel».

Yo solo asentí con la cabeza.

«Y venden muchos discos, ¿no?».

Yo solo contesté: «Creo que sí».

Dejó de verme y volteó a los demás diciendo: «Y ustedes van a seguir con el grupo, ¿verdad?». No dejaba contestar nada. Me volteó a ver y preguntó: «¿Tú eres el que se está saliendo del grupo?».

Yo no entendía qué era lo que estaba pasando, estaba sucediendo demasiado rápido. Y creo que todos nos sentíamos igual. Desde que recibí la llamada la semana anterior no dejaba de pensar en todo esto. No sabía qué era lo que iba a pasar, si me iban a obligar a grabar o no. Pero tenía algo muy claro en mi corazón, después de entender lo que estaba aprendiendo acerca del amor de Dios, sabía que, si Dios me había amado a mí, no tendría que ser distinto para los demás. Y si yo tenía que ser el medio para que ellos se supieran amados por Él, estaba más que dispuesto.

No quería «salirme del grupo» o ser el que tomara la iniciativa, porque no quería que se interpretara erróneamente, no quería que pensaran que como yo ahora era «bueno» entonces ellos eran «malos».

Pero no sabía cómo hacer para no proyectar algo así, porque no era cierto. De hecho, mientras más conocía a Dios, más me mostraba áreas en mi vida que estaban mal y que Él quería transformar, para nada me sentía «bueno», ni mucho menos «perfecto».

Así que, cuando todo esto comenzó a pasar en esa reunión con el CEO, estaba sorprendido de cómo se estaba desarrollando la conversación. ¿Por qué estaba preguntando todas esas cosas?

No había pasado mucho tiempo, todo pasó mientras nos acomodábamos en las sillas dentro de la sala de juntas. De pronto levantó su voz y de una manera salomónica dijo: «Ustedes me entregan el tercer disco de Control y tú me entregas un disco solista, pero me firmas un contrato para otro disco más, ¿ok?».

¿Qué? ¿Qué estaba pasando?

Todos nos quedamos en silencio, nadie había imaginado este desenlace para la reunión.

VI

2002

Visitamos todos los Centros de Readaptación Social del Estado de Morelos, recorrimos desde los más pequeños hasta los de máxima seguridad. Entrábamos toda la banda completa, batería, bajo, dos guitarras, dos teclados y nueve coros, bueno también un rapero, yo. Entrábamos, tocábamos unas canciones, se sorprendían de cómo sonaba y de cómo tocaban, entre nosotros iba María del Sol, una de las cantantes de los 80 más conocidas y tenía una gracia para hablar que a todos les fascinaba.

De pronto, en algunas ocasiones, sin avisar, Héctor me volteaba a ver y me decía: «Cuéntales tu testimonio». Y se iba a sentar en su amplificador mientras yo me quedaba enfrente de todos. Poco a poco comencé a contar lo que Dios había hecho en mí, cómo encontré en Él el perdón de pecados y una nueva vida.

Hicimos conciertos en plazas públicas, en auditorios, en iglesias, en cualquier lugar donde nos dejaran tocar. Era en verdad un grupo muy completo, porque pasábamos de una canción *gospel*, a un rap, a un tema de *jazz rock* demasiado bien ejecutado. Había cuatro cantantes y había rap.

Terminamos grabando un disco en vivo con todo lo que tocábamos regularmente en las reuniones de los domingos y en los eventos a donde íbamos.

VII

El dinero era escaso, no tenía trabajo, pero tenía mucha fe. Sabíamos que teníamos que estar ahí y aprendimos mucho durante ese tiempo. Una de las cosas que Dios nos mostró es que teníamos un amor al dinero que no nos habíamos dado cuenta de que lo teníamos. Dependíamos mucho de tener, pero cuando no teníamos, tuvimos que depender de Dios, y nunca nos faltaba nada en realidad.

Digo, nos cortaban el teléfono y en varias ocasiones la luz, pero lo único que hacíamos era sacar la comida del refrigerador, salir a la calle a hablar en un teléfono público y listo. Cuando no teníamos dinero para viajar por la autopista nos íbamos por la libre. Despacio, pero contentos. El auto no tenía estéreo, pero nos llevábamos una grabadora chiquita con pilas y poníamos los casetes con canciones de adoración y cantábamos con todas nuestras fuerzas.

En una ocasión nos quedamos sin nada, la banda se enteró, y llegaron todos a nuestra casa, algunos manejando desde la Ciudad de México y nos llevaron una despensa. Bueno, también nos llenaron de amor. Estaban ahí, estaban con nosotros, no podríamos estar mejor.

Un día me fui en mi Chevy a casa de Héctor, me prestaba el estudio que tenía para comenzar a hacer demos para el disco que tenía que entregar. No tenía mucha gasolina, pero creí que iba a llegar. El carro se quedó a unas cuadras de su casa. Simplemente lo cerré y caminé, eran unas cuadras, pero todas eran de subida. Llegué a la puerta pensando en no decir nada acerca de lo que acababa de pasar. Pero cuando toqué no había nadie en casa.

Solo me senté en la banqueta, afuera. Me ponía a hablar con Dios, le preguntaba cuál era Su voluntad en todo esto. Quería realmente ser guiado por Él.

De pronto llegó Gaby en su camioneta, abrió el portón eléctrico y mientras entraba me dijo: «Fermincito, espérame tantito, ¿ok?».

Yo solo me quedé ahí, pensando en qué le iba a decir. Pero cuando salió de nuevo en la camioneta solo me dijo: «Súbete».

Ella había visto el carrito a unas cuadras y solo entró para agarrar un bote para ir a comprar gasolina, creo que no hablamos nada acerca del carro, solo conversamos de otras cosas. Pasamos a un lado del Chevy, yo me sentía avergonzado, pero no porque me hiciera sentir así, no. Llegamos a la gasolinera, llenamos el bote y me trajo de regreso al carro. Esperó a que le pusiera la gasolina y cuando arrancó, solo me dijo: «Nos vemos mañana».

Me fui a casa, estaba contento. Tere se sorprendió de que regresara tan pronto, regularmente me pasaba horas en el estudio. Solo la abracé en la cama. Nos quedamos en silencio.

«¿Qué pasó?», me preguntó.

Solo le dije: «Dios es bueno».

Ella dijo: «Sí, sin duda, Dios es muy bueno».

La tarde llegó sin esperar, el cuarto se fue oscureciendo, los animales del cerro, enfrente de nuestra ventana, se oían más que nunca. Las estrellas aparecieron y vimos la gloria de Dios. No podría ser mejor.

CAPÍTULO 12

Mi vida comenzó

Mi fe, no es un paso al vacío, ese día existió
Ese hombre caminó, se cansó y sufrió
Pero hizo lo que nadie antes vio
Dio vida a los muertos, vista a los ciegos
Su nacimiento y muerte fueron predichos
Y en la historia hay suficientes escritos
Testigos que los historiadores han querido borrar
O hacerlos callar
Me preguntan: ¿regresarás atrás? Respuesta: No
No puedo sacar de la tumba al que está muerto
¿Te lavaron el cerebro? Sí
Y me lavaron mi espíritu, mi alma y mi cuerpo
MI VIDA COMENZÓ, FERMÍN IV, 2014

I

¿Cuándo comienzas a tener conciencia de tu vida? ¿Cuando te ponen tu nombre y te registran? Por más que intento encontrar el primer recuerdo en mi vida no lo tengo del todo claro. Algunos de ellos tienen que ver con mi familia en el parque, subiéndonos a los columpios en el rancho, cuando mi papá me llevaba a pescar o en la casa del Abuelo. Hay una foto mía junto a mi hermana donde los dos estamos agarrando cada quien una silla pequeñita por el respaldo, hasta recuerdo la ropa que teníamos, pero eso es, no sé si es un recuerdo de lo que viví o lo que recuerdo es haber visto la foto.

Recuerdo encontrarme con mi mamá en el patio de la escuela, al fondo, por donde me podía pasar mi lonchera a través de una reja. Vivíamos enfrente de la escuela. Me pasaba un vaso de plástico con tapa lleno de una bebida caliente, yo creo que era en la época de invierno. Y en esa escuela solo estuve hasta primero de primaria. Tendría cinco años, mi mamá me logró poner en la generación del 74 aunque había nacido en diciembre.

El día de hoy tengo tres hijas, una está aún en la adolescencia, pero las otras dos ya son unas jovencitas. Ya no tengo a mis bebés, ni siquiera a mis niñas. Cuando mi esposa me muestra videos de cuando tenían cinco años, se ven tan chiquitas, tan pequeñas, preguntando todo, sorprendiéndose con todo. Pero el día de hoy ya no son las mismas.

La vida pasa muy rápido. A mí me ha sorprendido demasiado. A veces siento que he vivido dos vidas. Mientras escribo estas memorias lo siento aún más, dicen que recordar es volver a vivir, y he estado reviviendo momentos que me han hecho reflexionar, me parece que hay detalles inconclusos pero que ya no se pueden terminar.

En ocasiones he escuchado a personas decir que yo «me arrepiento de haber estado en Control Machete». Y la verdad, eso es lo menos que me pasa por la cabeza. No reniego de mi vida de hace años. La veo y me doy cuenta de que todo lo que sucedió tenía que pasar. Pero sé que lo que pasó me trajo a donde estoy hoy. Es como si «alguien» estuviera dirigiendo paso a paso mi vida, tejiéndola a mis espaldas y lo vislumbré por un momento, me dejé llevar.

Y aun cuando tomé mis propias decisiones egoístas que terminaron lastimando a otros y mi propia vida, no me soltó hasta que Él tomó las riendas de mi vida.

¿Qué habré encontrado allá, que cuando bajé
Nadie podía creer que todo lo dejé?

Fácil, Fermín IV, 2017

II

Mi papá no la tuvo fácil, perder a su mamá desde muy pequeño lo marcó, la única ocasión en que lo he visto llorar fue una noche en que recordó lo difícil que fue su vida. Estábamos en mi cuarto y por un momento creí que estaba riendo, pero me impactó demasiado darme cuenta de que estaba llorando.

Mi mamá creció en una familia muy numerosa, donde su papá trabajó toda su vida para sostenerles. Yo creo que ella sentía el peso de la responsabilidad, siendo la mayor, trabajó desde muy joven y fue en «Almacenes García» donde conoció a mi papá.

Ambos buscaban lo mejor para nosotros, creo que es natural en todos los papás hacerlo, evitar que para nuestros hijos la vida sea difícil, equiparlos y prepararlos para enfrentarla de una manera diferente. Si algo le frustraba a mi papá era el no tener un título universitario, que en los Memorándums de su trabajo él apareciera como Sr. Fermín Caballero mientras que los demás tenían el Licenciado antes del nombre, eso lo hizo esforzarse para que nosotros no pasáramos por lo mismo.

Darnos una vida era para él darnos la posibilidad de graduarnos y tener un título antes de nuestro nombre.

La religión en mi familia era algo bastante importante. Mi papá fue criado prácticamente por el sacerdote de su pueblo cuando sufrió el rechazo de su madrastra. Mi mamá era parte de la renovación carismática católica que llegó con mucha fuerza a México en los 80, en el patio de la casa de mi abuela se reunían para cantar y alabar. Para ella darme una vida era darme una religión, una tradición que no tendría por qué romperse.

Cuando recién salí de la preparatoria mi papá me mandó a Estados Unidos por un año para aprender a hablar inglés. Se había vuelto una costumbre en cierto sector de Monterrey el enviar a sus hijos al extranjero como estudiantes de intercambio. No se veía como perder un año de estudios, ya que en esa época la preparatoria en Monterrey solo duraba dos años, así que seguías teniendo una buena edad para entrar a la universidad regresando de ese año.

Cuando me fui a los dieciséis años a Scranton, Pensilvania, me fui con dos encomiendas. La primera no ir a la iglesia cristiana con la familia que me iba a recibir, en los documentos que enviaron decía que eran protestantes, así que me tenía que mantener alejado de cualquier cuestión religiosa. Y la segunda era no hablar por teléfono a mi casa, por un lado, en ese tiempo, costaba mucho dinero el minuto de larga distancia, pero en realidad mi papá quería «romper el cordón umbilical», tirarme del nido para que aprendiera a volar.

Tanto a mis hermanas como a mí nos enseñaron a ser independientes. Eso era darnos una vida. Enseñarnos a vivir. Mi mamá dice que eso nos hizo madurar más rápido.

III

Muchas de las enseñanzas que me dieron las tiré por la borda en cuanto pude hacerlo. Sé que la intención de mis papás era que yo creciera para ser un hombre honesto y bueno. Pero muy pronto me vi con la libertad de hacer lo que yo quería y generalmente no era lo correcto.

«Te voy a enseñar a tomar, güero», me dijo mi papá cuando tenía dieciséis años. Me abrió una Carta Blanca y la puso en mi mano. Él siempre recuerda que desde bebé, cuando yo veía un espectacular de Carta Blanca yo les decía: «Esa es la cerveza de papá».

Su intención me la dijo en el momento. «Yo quiero que tomes aquí en la casa, que aprendas a tomar y que no andes allá afuera tomando».

Eso hizo que mi casa fuera el lugar preferido para reunirnos, mi papá nos compraba un cartón y nos «cuidaba» mientras nos lo acabábamos mis amigos de la prepa y yo. Cuando los invitaba a mi casa lo primero que me preguntaban era: «¿Va a estar tu papá?».

A esa misma edad me enseñó a manejar. Pero es complicado enseñar estas dos cosas y no terminar mezclándolas. En cuanto pude, salía en el Dart K negro de mi papá, pasábamos por «la rotonda» en la colonia Mitras y comprábamos un litro de cerveza, dejábamos el depósito por el envase y nos la pasábamos dando vueltas en el coche. Cuando se nos terminaba, regresábamos por otra. La Rotonda estaba abierta después de la medianoche cuando ya no se permitía vender alcohol. Esa era una ley en Monterrey.

Aprendí a tomar, pero también aprendí a mentir y a esquivar las «antialcohólicas» que eran unos retenes instalados por el tránsito de Monterrey para evitar que manejaran borrachos y así evitar accidentes. Pero nosotros aprendimos dónde y cuándo se ponían. Dábamos tantas vueltas, que aprendimos los caminos que nos mantenían lejos de ellos. Pero también aprendí a esquivar a mi papá cuando llegaba pasado de alcohol y después cuando llegaba drogado.

IV

Lo que aprendí acerca del pecado en la iglesia católica, lo olvidé en cuanto llegaron las tentaciones. No estaba viviendo bien, y los constantes viajes a otras ciudades para los conciertos multiplicaron mis acciones. Tenía la oportunidad de hacer lo que quisiera estando lejos.

La imagen de Dios que yo tenía en mi mente era la de un ser gigantesco al que no le importaba cuando uno se portaba mal. Tenía la simple idea de que, si me portaba mal, me iba a ir mal y un día lo iba a pagar. Pero si me portaba bien, me ganaba el favor de Dios. Mis acciones podían definir el estado de ánimo de Dios.

Con mi forma de caminar no tenía mucha esperanza, me había ensuciado tanto que no veía la posibilidad de ser limpiado. ¿Cómo? ¿Cambiando mi forma de comportarme? Cuando me daba una especie de remordimiento por lo que hacía, me decía: ya no voy a ser así, voy a portarme bien. Pero no pasaba mucho tiempo y regresaba a hacerlo de nuevo.

Era una tras otra, y llegué a pensar: «bueno, si lo tengo que pagar, pues lo tendré que pagar en algún momento». Sí, tenía la noción de que había un cielo y un infierno, me estaba haciendo a la idea de visitar las profundidades en lugar de visitar las alturas. Mi confusión me llevó a decirlo en mi corazón: «Si lo tengo que pagar, pues lo pago en el infierno».

Yo era de los que se comparaban con los demás, de los que decían: «Yo no he robado ni he matado a nadie». Pero por dentro sentía el peso de la culpa. Y la muerte de mi abuelo me hizo considerar mi destino.

Por eso cuando Tere me regaló una Biblia, muchas cosas circulaban en mi mente y mi corazón. Trataba de empatar mi realidad con mis creencias, mi deseo de estar con ella y las mentiras constantes.

El Dios que me había hecho en la cabeza comenzaba a diluirse mientras leía textos que nunca me habían enseñado. El Dios enojado se veía distinto, pensaba que, aunque le indignaba lo que yo hacía, tenía amor por mí, y lo comencé a ver así.

V

Cuando llegué con un disco solista a la misma radio que había recibido a Control Machete cinco años atrás, se sorprendieron, pero más se sorprendieron cuando se dieron cuenta de que hablaba de Cristo. Canciones como *Una nueva vida*, *Abba Padre* y *Bendiciones* resaltaban en la contra portada y, sin más, el locutor comenzó a cuestionarme.

«¿Que te pasó Fermín? ¿Qué es eso de que ahora eres cristiano?», me preguntó, ignorando el disco que tenía en su mano y fijando su mirada en mí.

«Pues sí, recibí a Cristo hace dos años...».

Me interrumpió: «Hermano, Jesús es un cuento de hadas, la Biblia está manipulada por los hombres, ¿en serio crees que es la Palabra de Dios?».

Adiós las preguntas acerca del disco, en radio en vivo estaba siendo interrogado por mis creencias. Antes nunca me habían preguntado eso, y eso que las referencias a nuestras creencias se escuchaban en las primeras líneas del *Mucho Barato* de Control Machete.

Guadalupano hermano y no lo sientas extraño
Conciencia reclamo, sin llanto sin daño
Y no lo sientas malsano porque soy mexicano
          Control Machete, Control Machete, 1997

Tenía muy poco como cristiano, aún tenía mucho que aprender, solo dije: «Pues sí, creo que la Biblia es la Palabra de Dios,
que se puede entender y se puede confiar en ella, pero sí, reco-
nozco que hay una revelación que tiene que suceder, y en mí
sucedió».

La conversación en esa cabina de radio no mejoró, se mantuvo
en la controversia mientras tocaban solo una canción del disco: 004.

«Pues Fermín, espero que te vaya bien con tu disco nuevo,
¿no vas a regresar a Control Machete?». Yo solo guardé silencio,
agradecí el tiempo mientras se escuchaba el final de la canción.

004
No sabía que alguien me ha estado buscando
Doble 0 4
Para darme vida eterna como un regalo
004
Estaba perdido, pero ahora me ha encontrado
Doble 0 4
Solo tengo que creer.
                    004, Fermín IV, 2002

Al salir de la estación, el de la disquera me dijo, mientras nos
subíamos a la Suburban para seguir con el tour de medios: «Rudo
¿verdad? Ese muchacho es bien rudo».

VI

Imagina que eres un fariseo. Llegar de noche para ver a Jesús indica que no quieres que otros vean que estás con Él, más aún cuando eres un escriba y maestro de la ley. Todos tus conocidos estaban intentando constantemente desacreditarlo e incluso buscaban alguna palabra que Él dijera para poder acusarlo ante las autoridades. Pero muchos, de los pueblos alrededor, lo seguían, escuchaban Sus enseñanzas y recorrían grandes distancias para ser sanados de sus enfermedades.

Tú lo has visto y por eso, cuando te acercas para preguntarle algo que estás considerando seriamente, le dices: «Sé que has venido de Dios, porque nadie puede hacer las cosas que haces si no está Dios con él». Lo dices con sinceridad, porque no hay duda de los milagros que ha estado haciendo. Pero aún no haces la pregunta cuando te sorprendes de Su respuesta.

«De cierto de cierto te digo, que el que no naciere de nuevo, no puede ver el reino de Dios».

Lo escuchas y te das cuenta de que Él ya sabía lo que estaba dando vueltas en tu corazón: ¿Cómo puedo entrar al reino de los cielos? Si tú vienes de Dios, seguro sabes cómo llegar a Dios.

Pero la idea de nacer de nuevo te parece tan absurda, ¿cómo puede suceder algo así? Los bebés nacen siendo pequeñitos, van creciendo y desarrollándose poco a poco, son bastante inocentes hasta que llegan a estar cargados de tanto pecado que difícilmente pueden arreglar sus vidas. Para ti, que ya has vivido tantas experiencias, es imposible nacer de nuevo, ni siquiera cabrías en el vientre de tu madre una vez más.

Es ese el momento en que Jesús quiere que levantes los ojos, y te des cuenta de una realidad. Nacer del agua, del vientre de nuestras madres es una de las maneras de nacer, pero hay otra, nacer del Espíritu. No solo no puedes ver el reino de Dios si no naces de nuevo, sino que es absolutamente necesario que suceda.

Escuchas algo sobre el viento, de cómo el viento siendo invisible se puede escuchar el sonido que emite, pero en realidad tiene voluntad propia, aunque tú no sepas de dónde viene o a dónde va. Lo escuchas, pero no entiendes. Así que preguntas: ¿Cómo?

Y Jesús te recuerda una lección que, como fariseo, diste durante la semana a los jóvenes en la sinagoga, una historia que hasta ahora no tenía mucho sentido, pero cuando Jesús te dice: «Esa historia está hablando de mí, de cómo al morir en la cruz todo aquel que voltee a verme, creyendo, será salvo». Lo entiendes.

Esa serpiente de bronce en el centro del campamento fue levantada para bendecir a todos los que la veían. El veneno estaba matando a todos, pero solo aquellos que la miraban vivían. Era como si ya estuvieran destinados a morir, pero con su mirada, su confianza en las palabras que Dios le dio a Moisés para cambiar su destino, era como nacer de nuevo.

«¿Cómo puedo ver el reino de Dios? ¿Cómo puedo tener vida eterna junto al creador?». Te preguntas, y la respuesta es contundente: «Cree en el hijo enviado por Dios, quien, por amor a ti, vino a morir en tu lugar».

VII

Pasan los años y yo, Fermín, me doy cuenta de que para el ser humano es inevitable pecar. Ha nacido con un corazón roto, con un corazón inclinado a la maldad, desde niños peleamos por tener lo que queremos, luego cuando crecemos peleamos por tener la razón. Por más que intentamos cambiar, por momentos, conseguimos un pequeño cambio externo que forzadamente regresa a su estado original, a su estado corrupto.

He visto cómo todos deseamos ver una vez más a nuestros seres queridos que han fallecido, y solo pienso que este deseo no es otra cosa sino la certeza de que hay algo más después de esto, como si supiéramos que hay eternidad dentro de nosotros. Trascender es una obsesión para el ser humano. Queremos definir nuestros propios límites, pero nos alienamos tanto que perdemos el rumbo y no sabemos cómo regresar.

Cuando supe que Dios me amaba a pesar de cómo me encontraba, a pesar de saber que ante Sus ojos había fallado tanto y tantas veces. Cuando entendí que para demostrar Su amor envió a Su Hijo para que tomara mi lugar. Cuando comprendí que el mismo Jesús voluntariamente y por amor entregó Su vida recibiendo el castigo que yo merecía. Cuando me di cuenta de que Él vivió la vida que yo debería haber vivido y murió la muerte que era inevitable para mí —para que yo este con Él para siempre—, no podía hacer otra cosa sino rendirme. Era necesario para mí nacer de nuevo.

No soy el más malo, el más pecador, no era yo la persona de la que tenías que salir huyendo antes de que te hiciera algo. Pero sí era aquel que necesitaba una nueva vida. Que necesitaba el perdón y la libertad que tanto anhelaba. Sí era aquel que necesitaba esperanza y la encontró en el lugar más inesperado y en el momento más inesperado.

Yo no elegí el momento de conocer a Dios, no pretendía cambiar, mucho menos arruinarle la diversión a alguien. Dios me eligió no por lo que era o por lo que pudiera llegar a ser. No. Me eligió por quién es Él. Para mostrar Su amor a los que están a mi alrededor, para demostrar que es real y puede transformar a las personas. Para dar a conocer que hay perdón de pecados y vida eterna en Él.

VIII

«Consumado es» significa pagado por completo. Es un término que se utiliza cuando una deuda es liquidada o cuando una obra artística está terminada. Son las palabras que Jesús dijo antes de entregar el espíritu. Nos muestra que Jesús sabía lo que estaba haciendo en esa cruz, estaba cumpliendo la voluntad de Dios, estaba abriendo un camino para todos los que depositan su confianza en Él. Estaba tomando el lugar de todo pecador.

Había profecías acerca de este momento, que se cumplieron en cuanto Jesús pronunció esas palabras. La condición del hombre y la resolución de Dios quedan perfectamente definidas en Isaías 53:6:

> *Todos nos descarriamos como ovejas,*
> *cada cual se apartó por su camino;*
> *mas Jehová cargó en él el pecado de todos nosotros.*

Él estaba recibiendo el castigo por nuestros pecados, Él, que no conoció pecado fue hecho pecado con un propósito, que intercambiara Su justicia por nuestro pecado. Esa es la realidad. Una realidad llena de amor y de esperanza para todo hombre.

Es difícil intentar explicar lo que sucedió en mi vida y la manera que he encontrado para hacerlo es que nací de nuevo.

Que, aquel que conocieron muchos a través de la música, de mis letras, no existe más, murió y renací con un nuevo objetivo, con un nuevo destino, con una certeza y esperanza tan cierta como ver esta tinta y este papel siendo usados para escribir estas palabras.

Mi vida comenzó ese día que yo puse mi confianza en Jesús, pero también comenzó en ese momento en que Jesús dijo: pagado por completo.

¿Qué pasaría si nunca muero
y no tuviera la oportunidad de nacer de nuevo?
De perros amores, Control Machete, 2000

CAPÍTULO 13

Yo no estoy solo, iglesia

Yo solo respondo a Él,
Porque Él me amó primero.
ABBA PADRE, FERMÍN IV, 2002

I

2002

Héctor me ayudó a terminar el disco de Boomerang, el disco que me comprometí a entregar a Universal Music. Me había puesto a producir, componer y hacer los ritmos en casa de Héctor, en un estudio de grabación en el último cuarto de su casa.

Él no pensaba hacer un disco, había grabado unos temas con la banda Semilla. Pero el estar haciendo el disco de Boomerang, había desencadenado en mí ideas de lo que podía hacer alrededor de su publicación. «¿Y si hacemos un plan para alcanzar con el evangelio a otros a través del rap? ¿Y si hacemos una Biblia hiphop?».

Fuimos a la Sociedad Bíblica de México y presentamos un proyecto, una Biblia con grafitis y algunos testimonios intercalados entre sus hojas que estuvieran enfocados en alcanzar a esta cultura hiphop.

A ellos les pareció un gran proyecto, estaban expectantes y listos para involucrarse, pero justo en ese momento pensé: «no le he dicho a mi pastor». Todo esto que había planeado no lo había comentado con él, sentí una necesidad de ir y mostrarle todo esto, de recibir su consejo.

Cuando llegamos a su casa, nos recibió como siempre, con café y pan dulce. Yo llevaba el proyecto en unas hojas dentro de una carpeta.

«Te tengo que contar lo que hemos estado planeando, y además te tengo una sorpresa». Y comencé a explicarle lo que era «NO VAS A ESCAPAR JAMÁS».

«Queremos predicar a Cristo con este nuevo disco, ya ves que la canción *Boomerang* dice: "No vas a escapar jamás"», le dije en referencia a la canción que le daba nombre al disco. «Pensé que podíamos utilizar este nombre para hablarles del amor de Dios, del cual nadie se escapa».

Hay un amor constante, el amor de Dios que vemos cada día sobre todos los hombres, la Biblia dice que Dios no hace acepción de personas, Él hace llover sobre justos e injustos. Dios provee a toda la humanidad de aquellas cosas que necesitamos día a día, como la lluvia que hace germinar la semilla y que con el tiempo recibimos la cosecha.

De ese amor no podemos escapar, aun cuando no lo podamos reconocer o entender. Pero aún más, el amor de Dios se ha mostrado a nosotros a través de Su Hijo unigénito, el cual por amor fue a la cruz, murió y resucitó, y, así como un *boomerang*, va a regresar cuando menos te lo esperas. Y de Su venida nadie va a escapar.

Cuando ese amor se revela a nuestras vidas, como a mí me había sucedido, no hay forma de escapar de él, es necesario recibirlo, aceptarlo y responder a él.

«¿Cómo lo vamos a hacer? Pues a través de conciertos, de por sí ya me están invitando a ir a diferentes ciudades», le explicaba a Héctor, que me escuchaba con atención, «en esos alcances vamos a pedirles la dirección a los que reciban a Cristo y les vamos a enviar un boletín mensual con estudios bíblicos y lecciones para que crezcan en el conocimiento de Dios».

Yo estaba emocionado, continué: «Vamos a hacer unas fiestas que se llamarán: Hip Hope, donde tendremos música rap, testimonios y les predicaremos el evangelio. Y por qué no, tener un lugar donde recibir a toda esa comunidad».

En ese tiempo yo tenía un taller de rimas, era una reunión con chicos que les interesaba rapear, yo les enseñaba un capítulo de la Biblia y, al terminar, les poníamos música y ellos comenzaban a escribir acerca del tema que habíamos estudiado. Yo les ayudaba a estructurar sus rimas y los asesoraba. El taller se llamaba: Rimas y Versículos.

Así que todo esto era la continuación de lo que ya habíamos comenzado.

«¿Y cuál es la sorpresa?», me pregunto Héctor, «aunque debo admitir que todo esto para mí es una sorpresa».

«Es que no te había contado nada, pero ahí te va», le dije, esperando que se sorprendiera. «Fuimos a la Sociedad Bíblica y ellos van a imprimir Biblias con mi testimonio y con una portada muy rapera con un grafiti, ellos están súper emocionados».

Héctor me escuchó, dejó que terminara. Y sin haberse emocionado, o al menos, no como yo lo esperaba, me dijo: «Yo no creo que Dios te quiera usar con un grupo específico de personas, solo con raperos. Yo veo que Dios quiere usarte con familias, jóvenes, niños, con todo tipo de personas».

Yo me quedé en silencio, Tere puso su mano sobre la mía y yo volteé a verla.

Terminó diciendo: «No creo que eso —puso sus manos sobre las hojas— que esto sea lo que Dios te está llamando a hacer».

En cuanto levantó sus manos, yo cerré la carpeta. No tenía dudas, si había venido por un consejo, este era el consejo que debía recibir. Yo siempre fui un rebelde, nunca me gustó estar sometido a una autoridad. Hice música que reflejaba esa rebeldía, pero desde que había conocido a Cristo, había entendido que mi pastor estaba siendo guiado por Dios, y que era por medio de él que me estaba dirigiendo en esos momentos.

NO tenía dudas, tan solo cerré esa carpeta y la dejé así.

Pero no puedo decir que no había pensado que él se emocionaría con el proyecto, que solo con pensar que el rapero con el grupo de rap en español más exitoso en los últimos años, ahora convertido, comenzara un ministerio enfocado a esa tribu urbana a la que pertenecía, sonaba bastante lógico y quizás efectivo. Pero no. No luché con la idea, tan solo cerré la carpeta y creí.

¿Qué será lo que Dios tiene planeado? El futuro en esos precisos momentos estaba por comenzar y no tenía idea de lo que iba a suceder.

II

«Va», solo dije: «va».

Estábamos reunidos con el pastor Héctor en una junta espontánea. Nos veíamos con él cada martes, él venía desde Cuernavaca, salía a las 4:30 a. m. para llegar a la reunión de oración de las seis de la mañana en la colonia Narvarte.

Era impresionante ver a tantos hombres caminando desde el metro, de las calles alrededor, dirigiéndose todos al mismo lugar, una reunión de oración. Ahí en doctor Vértiz nos abría las puertas para reunirnos, la sala era amplia y al principio solo hacíamos un círculo con los que asistían, pero llegó un momento en que el círculo era doble. Cantábamos, orábamos, escuchábamos la palabra. Fue un tiempo maravilloso. Al terminar, algunos nos íbamos a desayunar.

Y donde fuera que desayunáramos, el pastor sacaba la guitarra, cantábamos y a alguno lo hacía contar su testimonio para que los que estaban ahí mismo desayunando lo escucharan. Andábamos siempre predicando el evangelio.

Entonces nos poníamos a estudiar. Comenzamos con el método inductivo, aprendimos a estudiar la Biblia a través de tres pasos: observación, interpretación y aplicación. Nos la pasábamos horas siendo entrenados para el ministerio. Después de un tiempo comenzamos a aprender predicación expositiva. Cómo presentar el mensaje de 'Dios sacado directamente del texto, de la porción bíblica que estudiábamos.

Éramos alrededor de quince hombres de diferentes contextos y trasfondos. Nos reunía nuestro amor al Señor y nuestro deseo de servir, de hacer Su voluntad.

Finalmente comenzamos algunos de nosotros a enseñar en las reuniones de la iglesia.

En esta ocasión, la reunión era distinta. El pastor Héctor tenía algo que decirnos, una semana atrás había viajado a Chicago junto a su esposa y había conocido una comunidad latina de diversos países, de creyentes dentro de una iglesia muy grande a las afueras de Chicago.

Mientras nos platicaba podíamos ver la pasión con que se expresaba de este viaje, de lo que había visto, percibido y de las oportunidades que Dios le había mostrado. Estaba orando junto con su familia, ya que veía cómo Dios lo estaba llamando a pastorear, a plantar una iglesia en ese lugar.

Mi pastor es un plantador de iglesias, Dios lo usa para comenzar nuevas obras. La primera de ellas fue la iglesia de Semilla de Mostaza, en la ciudad de México, de la cual todos los que estábamos ahí formábamos parte. Éramos su equipo de ministerio, muchos de ellos habían sido discipulados por los últimos siete años, mi esposa y yo desde hace cinco años.

De pronto dijo: «Creemos que Dios quiere que vayamos a observar la obra que Dios quiere hacer en la comunidad latina de Estados Unidos, y creemos mi esposa y yo que Dios ha estado levantando a Fermín y Tere para sustituirnos en Semilla».

Mi esposa y yo habíamos comenzado un estudio bíblico los miércoles por la noche, en la cochera de una casa que rentábamos como escuela, acomodábamos alrededor de veinte sillas que quedaban apretadas por el espacio tan reducido, ya estábamos más involucrados en el ministerio desde que nos mudamos a Ciudad de México.

De una manera clara, y creo yo sobrenatural, en todos había paz, veíamos cómo Dios usaba al pastor Héctor. Y sabíamos que Dios lo estaba llamando.

En nuestra siguiente reunión, de pronto dijo Héctor: «no nos vamos a ir».

Así, simple. Y todos de la misma manera teníamos paz. Cualquiera que fuera la decisión, estamos listos para servir como Dios quiera que lo hagamos.

III

Nos pusimos a planear algunas actividades para el año, mi esposa había organizado un retiro de matrimonios el año anterior, así que planeamos otro para este año.

«Estamos planeando el año para ponerle fecha al retiro de matrimonios», le dije por teléfono. «¿Qué te parece si lo hacemos en agosto?».

«¿Agosto? Bien, solo que yo no voy a estar», me contestó.

«Ok, lo movemos para septiembre, para que puedas estar. Aún no cerramos el evento con el hotel porque queríamos confirmar primero contigo la fecha». Hubo un silencio del otro lado de la línea, por un momento pensé que se había cortado la llamada.

«Es que tampoco vamos a estar en septiembre, nos vamos a mudar a Chicago en junio».

A principios de este año, Héctor se había enfermado de hepatitis, eso lo había mantenido en casa por seis semanas. Todo ese tiempo no pudo ir a Semilla, el equipo del ministerio se había hecho cargo de cada reunión de actividad. Yo había estado enseñando en las reuniones de los domingos.

«Dios me mostró que Él se va a encargar de la iglesia. Este tiempo que no he podido ir, todo ha continuado sin mí», nos dijo, «y Dios ya le confirmó a Gaby que es momento de acudir al llamado que nos ha hecho».

«Ok», fue lo único que dije.

IV

Cuando Héctor comenzó a enseñarnos la Biblia, cinco años atrás, a mi esposa y a mí, a discipularnos, lo primero que nos enseñó fue el Salmo 19. No tengo duda de que esto sentó las bases para tener una completa confianza en la Palabra de Dios. Como iglesia hemos hecho de la enseñanza expositiva, verso a verso, uno de nuestros distintivos. Al terminar ese salmo nos fuimos a las cartas pastorales.

No entendía por qué comenzó ahí, creo que un evangelio hubiera sido una mejor opción, tenía muy poco de haber recibido a Cristo y tenía el deseo de conocer más de Jesús. Pero él decidió abrir la primera carta a Timoteo y, a la par de aprender lo que decía, aprendimos a estudiar la Biblia.

Esa carta la escribe el apóstol Pablo a Timoteo, quien se estableció en Éfeso como pastor de la iglesia. Timoteo era un pastor joven que tenía miedo, que era tímido y necesitaba instrucción, la cual Pablo se la da paso a paso. Él explica cómo Timoteo debía conducirse en la iglesia, con instrucciones claras acerca de los pastores y ministros que tenían que integrar la Iglesia.

Luego seguimos con 2 Timoteo, Tito y Filemón. Así que parecía que estábamos siendo entrenados en un curso intensivo acerca de la Iglesia. Terminando esas cartas nos llevó directo a 1 y 2 de Corintios.

Nos llevó meses estudiar esos libros de la Biblia, estábamos creciendo, pero también estábamos activos. Fuimos a los Centros de Readaptación del Estado de Morelos para predicar a Cristo.

Habíamos pasado muchas horas aprendiendo personalmente en la casa del pastor, en un entrenamiento intensivo, así lo alcanzo a ver cuando miro hacia atrás, en ese momento era tan solo conocer a Aquel que me había salvado.

Ahora habían pasado unos meses y estábamos en la despedida, en la reunión de un domingo. Cuando llegamos el primer domingo estábamos en Mateo capítulo 5, el mensaje que dio Héctor ese domingo estaba basado en 2 Tesalonicenses 3. Habíamos avanzado todos esos años, verso a verso, capítulo a capítulo. La iglesia estaba como cada domingo atenta y recibiendo la Palabra. Nos reunimos en un salón de fiestas y éramos alrededor de 500 adultos cada domingo.

Entonces llegó el momento en que nos pasó al frente a Tere y a mí, y oraron por nosotros, en esta nueva etapa para la iglesia. Nos quedábamos al frente del ministerio que Héctor y Gaby habían comenzado siete años atrás.

Cuando regresamos a nuestro lugar, me senté en el mismo lugar de siempre a un lado de una familia con la que teníamos una bella amistad, generalmente terminando la reunión nos íbamos a comer juntos y pasábamos mucho tiempo con ellos.

No sé si percibió que estaba nervioso, quizás me acerqué y le dije: «Ahora sí, esto está sucediendo». O algo similar.

Porque cuando tuvo oportunidad, con el deseo de que no me sintiera presionado de alguna manera, se inclinó hacia a mí y me dijo al oído: «Fermín, no te preocupes, si la gente no regresa el próximo domingo nos vamos a la cochera de la escuela», lo dijo, lo escuché y volvió a decir: «No te preocupes, Fermín».

Cuando reaccioné, me preocupé, precisamente lo que él no quería que sucediera, me preocupé porque lo que me acababa de decir, era que él pensaba que la iglesia se disolvería, no estaba seguro de que regresarían al siguiente domingo. Y que quedaríamos tan poquitos, que podíamos caber en la cochera, en esa cochera solo cabía máximo 20 sillas.

Mi amigo pensaba que íbamos a pasar de 500 personas a 20 personas en cuanto Héctor ya no estuviera.

Tan solo pensé dentro de mí: «Este no tiene confianza en que la iglesia pueda continuar». Tomé de la mano a mi esposa, que estaba del otro lado, la apreté tanto que giró su cabeza para verme.

«¿Qué pasa?», me preguntó.

No le contesté, solo le sonreí, no sabía qué pensar. ¿Qué pasaría si lo que me acaba de decir mi amigo sucede? ¿Qué pasa si nadie regresa?

En ese momento Héctor terminó la reunión con una oración.

Por dentro, mi oración era: «Señor, que se haga tu voluntad, esta es tu iglesia».

V

Al siguiente domingo, nos reunimos en los mismos horarios, no puedo decir que no estaba nervioso, creo que hasta el día de hoy no dejo de sentir nervios, y sobre todo una sensación de incapacidad aun cuando pasé tiempo suficiente preparando durante la semana el mensaje que iba a enseñar.

La iglesia llegó, el lugar se llenó, cantamos adorando a Dios. Al momento de abrir la Biblia para enseñar —no lo había notado, había estudiado el pasaje y tenía mi bosquejo en una pequeña libreta— recién caí en cuentas en el momento en que dije: «Abre tu Biblia en 1 Timoteo capítulo 1».

No lo podía creer, estaba listo para enseñar el primer pasaje que Héctor nos había enseñado. No pude evitar que me saliera una lágrima, estaba comenzando esta aventura.

Una frase estaba desde ese tiempo en nuestro corazón. Mi esposa y yo habíamos decidido hacer una sola cosa cada vez que estuviéramos en Semilla. Decíamos: «Vamos a sentarnos en primera fila y ver qué es lo que Dios hace en su Iglesia».

No nos sentíamos ni queríamos ser protagonistas, creemos que el protagonista, el más importante, el centro de nuestra comunión, es Cristo. A nosotros solamente se nos ha permitido, de una manera «imperfecta» servir a la iglesia, pero teníamos la certeza de que si Dios nos había llamado —y estábamos ahí por la gracia de Dios— era para tener asientos de primera fila. Dios no solo quiere, también puede, hacer la obra en cada persona que se considera «Semilloso» o está llegando por primera vez.

Cuando terminé y despedí a las personas que habían asistido a nuestra reunión, bajé de la plataforma donde se encontraba el púlpito. Un hombre que parecía tener la edad de mi papá, se acercó con la cara cabizbaja, se notaba tristeza y preocupación en su mirada. Se acercó y me dijo: «Pastor, necesito hablar con alguien, ¿me podría dar un consejo?».

Era la primera vez que esto me pasaba. Sí, los domingos en los que había enseñado unas semanas atrás, no se había acercado nadie al final. Pero esta vez era diferente. Si alguien se acercaba con algunas palabras parecidas a esas, tan solo le decía que buscara a Héctor, que seguramente él podía darle un consejo. Pero esta vez era distinto.

La persona estaba ahí, con una necesidad enorme, con dificultades que enfrentaban día tras día. En ese momento me di cuenta de que ser pastor, no era solo subir y enseñar, sino que tenía que escuchar y aconsejar, y muchas cosas más que se han ido acumulando. Sí, el día de hoy es pesado, pero es de gran bendición confiar en Dios y ver cómo las personas son transformadas por el poder de Dios.

VI

2018

«¿Sabes cuánto están ofreciendo Fermín?», me dijo por tercera vez.

Cada vez que me lo decía contestaba: «No quiero saber, simplemente no quiero saber».

Pero esta tercera vez, solo porque insistió le dije: «Ok, solo por curiosidad».

Ya era el tercer año que me buscaba, cada vez que lo hacía era en las fechas donde se decidía el cartel del Festival más importante de Latinoamérica, el Vive Latino. Esta vez estuve a punto de decirle que no lo iba a ver, ya sabía a qué venía y yo ya tenía una respuesta, solo pensé: ¿Para qué lo veo? ¿Para qué le hago perder el tiempo?

Pero, para no errar, le comenté a mi esposa que había llamado de nuevo, ella me dijo: «¿Otra vez? Ha de ser para lo mismo».

«Sí, insisten cada año al parecer», le contesté. «Pero creo que esta vez no lo voy a ver, ¿para qué? Si le voy a decir que no otra vez».

«Fermín, es la única oportunidad que tienes de volverlo a ver, si por lo menos puedes platicar con él, ver cómo está, preguntarle por su familia, creo que vale la pena».

Él nos había acompañado en la segunda etapa de Control, había sido nuestro mánager y viajamos a diferentes partes de Sudamérica y Europa. Y como yo estaba fuera de ese círculo de la música, me había salido hace tantos años atrás, que estas eran las únicas oportunidades de verlo y platicar un rato.

Cuando me dijo la cantidad que estaban ofreciendo por un espectáculo, le contesté: «¿Neta? ¿Millones?».

«Sí, es el aniversario del festival, quieren que ustedes cierren la noche. Fermín, serían cabeza de cartel», me dijo mirándome a los ojos.

«No lo puedo creer», respondí.

«¿Qué dices? ¿Esta vez les decimos que sí?».

Le contesté con un rotundo: «No».

Él solo se echó para atrás, recargando la espalda en el respaldo del sillón, levantó un poco los brazos mientras me decía: «¿Qué más quieres?».

Le dije: «Nada. No quiero nada. Es la misma respuesta que otros años».

Yo no era el mismo Fermín, no puedo dar el espectáculo que los fans están esperando, me parece completamente deshonesto decirles que vamos a tocar si no van a recibir lo que ellos esperan. Era mi convicción el no volver. Para mí el pasado se quedó ahí, en el pasado. Venían nuevos proyectos, había invertido años en Semilla de Mostaza siendo el pastor y se abría la posibilidad de hacer nueva música, pero como Fermín IV.

«Fermín, les están pagando como si fueran un grupo internacional, del extranjero, ¡es mucho dinero!».

«No».

«Entonces no es un asunto de dinero. ¿Verdad?».

«Nunca lo ha sido, hermano, nunca».

Me levanté del lugar y caminé a mi casa. Me había quedado unos minutos más sentado después de que partió. No había logrado convencerme, y es que no es cuestión de convencerme, es mucho más que eso.

«Hay una sola manera en que yo regresaría a Control. Una sola. Y no te voy a decir cuál es», le dije, cuando se despidió.

Abandonar todo, dejarlo todo, solo lo puedes hacer cuando estás seguro de que lo que sigues es más grande que lo que dejas. Estaba dejando algo que no había manera de retenerlo, que sabía que alguien me podía quitar en cualquier momento, no hay duda.

Siempre habrá alguien mejor que tú, que tenga más impacto que tú, que en su momento te quite el lugar que con mucho esfuerzo conseguiste. Hay cosas que no podemos retener, que no sacaremos de este mundo. Pienso que, aquello que aquí tiene demasiado valor, en la eternidad es tan solo asfalto en las calles. Nunca se ha visto a alguien siendo enterrado con su dinero, y si sucede, estoy seguro de que no durará ahí mucho tiempo. Nada de lo que podemos obtener en este mundo podremos sacarlo de este mundo. Nada.

Había apostado todo en Cristo hace 20 años. No me quedé con nada, porque vale la pena, no estoy siendo imprudente, aunque algunos podrían pensarlo, no. Imprudente sería apostarlo todo sin saber cuál es el final de la historia. Y yo, en Cristo, sé cuál es el final de la historia. Jesús venció a la muerte, está preparando un lugar para todo aquel que ha creído en Él. No hay nada imprudente si nuestra esperanza es como una firme ancla del alma.

Esa imagen siempre la tengo guardada en mi mente y tatuada en mi hombro. Yo he vivido en tres ciudades en mi vida, podría vivir en diez más, pero no soy de ninguna de ellas. Mi alma tiene un ancla que penetra hasta la presencia de Dios. El día que el Señor me llame a Su presencia, no hay manera de perderse en el camino, tan solo es como si comenzara a jalarme, a llevarme a casa. No hay duda. Mi mejor apuesta la hice aquel día que le entregué mi vida, el día que se reveló a mí, que reveló Su amor y Su gracia, tan solo respondí dejándolo todo.

Lo que Cristo me ha dado, nadie me lo puede quitar. Estar en Sus manos es el lugar más seguro, porque nadie me puede arrebatar de Su mano, o de la mano de Su padre. De eso estoy seguro.

Justo antes de llegar a la puerta, dije en voz alta: «Señor, no quiero millones de pesos, quiero millones de almas que te conozcan, que sean salvas, que un día estén contigo». Poniendo la llave para entrar dije: «Sí, Señor».

CAPÍTULO 14

Renacer

Nunca imaginé amar a alguien más
Llegaste, mi corazón lograste agrandar
Cientos de chinos cubrían tu cabeza
Dejaste de llorar al tener a tu mami cerca
Esa noche le puse nombre a una estrella
Con ojos negros tan grande mi pequeña
Mi mundo creció en un instante
Sueños que nunca tuve aparecieron adelante
El futuro tomó un tono brillante
Hombre responsable sobre la tierra
Era yo el más grande como un gigante
Tú ese detalle que me hace importante
Y cabíamos los dos en esa cuna
Por la ventana nos saludaba la Luna
Cerrabas los ojos, veía tu pecho
Arriba abajo me sentía completo
VERTE CRECER, FERMÍN IV, 2018

I

Camila, 2002

Un rayo de luz se asomaba por la ventana, llevábamos muy poco tiempo viviendo en este departamento que aún tenía cajas en una esquina de su cuarto. Era pasada la medianoche, por eso no se escuchaba tanto ruido en la calle. Había silencio.

Me estaba balanceando de un lado a otro con ella en mis brazos, estaba haciendo lo que todo esposo debe hacer, dejar que la mamá descanse un poco atendiendo al llanto nocturno de su bebé. Yo estaba seguro de que iba a acompañar a mi esposa todas las noches mientras le daba de comer a Camila, planeaba tener una lista de personas de la iglesia por las cuales levantar una oración, tener un plan de lectura, pero no pasó ni una semana y ya me vencía el sueño y no podía mantener los ojos abiertos. Son muy pesadas esas primeras semanas, sobre todo cuando somos padres primerizos.

Así que, esa noche me tocaba, y sin duda no me imaginaba lo que iba a suceder.

¡*Wow!*, exclamé espontáneamente cuando vi la luna por la ventana, se veía demasiado clara y grande, como esas fotos donde se ven hasta los detalles. Mi sorpresa era porque en la Ciudad de México es extraño ver algo así. Cuando lo dije, ella se estiró en mis brazos, solía hacer eso para volverse a acomodar. Y abrió sus ojos.

Y se me quedó viendo. Y nos veíamos el uno al otro. No se inquietó, solo permaneció con sus ojos fijos en los míos por unos segundos. Yo no sonreí, solo me llenó un sentimiento que no había experimentado antes. Y en cuanto cerró los ojos lentamente, se me llenaron de lágrimas los ojos.

Levanté mi mirada y solo repetía en mi mente: ¡Gracias, Dios! ¡Gracias! ¡Gracias, Dios! Yo solo sabía que Él estaba ahí, en esa habitación, con nosotros.

No intenté explicarlo o entenderlo porque se perdería por completo el asombro que me inundó en ese momento. Tan solo no podía creer y al mismo tiempo lo creía con todo mi corazón, que Dios estaba ahí conmigo y con Camila. Un sentir de estar completo me llenó, como si todo lo que necesitaba estaba en ese departamento número 401.

II

Cuando el doctor la sacó del vientre de mi esposa, estaba su cabeza cubierta con rizos, como dibujados con plumón, perfectamente coordinados en su lugar. Era enorme, pesó 3900 gramos, ¡casi 4 kilos! Estaba a un lado de mi esposa, con mi mano sobre su hombro desnudo.

«Teresita, que bueno que no comenzaste trabajo de parto porque esta nena no iba a salir, traía doble cordón alrededor de su cuello y es ¡enorme!», dijo el doctor. «Hubiéramos terminado en una cesárea de emergencia».

Mi esposa llegó a la semana 40 y Camila no quería salir, la mandó el doctor a caminar para a ver si así detonaba las contracciones, pero nunca empezó. Una de esas veces fuimos a un centro comercial y mientras ella me esperaba afuera de un local, escuché a un par de jovencitas que decían, volteando hacia afuera: «Mira, mira, espera a que se dé la vuelta». Cuando miré hacia donde ellas estaban mirando, vi a mi esposa que se giraba. «¡Su panza es enorme!», dijeron.

Yo estaba grabando con una cámara que llevé al quirófano, y Tere me dijo: «Ve a verla, cuéntale sus deditos».

La dejé y caminé hacia la estación dentro del quirófano donde revisan a los bebés, donde comienzan a hacerle todas las pruebas, estaba iluminada por la luz brillante, y podía ver claramente a mi pequeñita.

Yo estaba fascinado viéndola, perdido en el hecho de que habíamos llegado dos esa mañana, pero al día siguiente saldríamos tres. En eso, reaccioné a lo que me dijo mi esposa: «¿Cuéntale los deditos?». Lo hice. Todos completos, en sus manos y en sus pies. Intentaba abrir sus ojos, pero no alcanzaba a hacerlo por completo. En su primer gran esfuerzo, tan solo segundos de haber nacido, abrió los ojos y los vi. Oscuros, como los de su mamá.

Cuando regresé al lado de mi esposa, me preguntó insistentemente. Yo solo contesté: «Sí, tiene todos sus deditos». Ella dijo: «¿En sus pies también?» Yo solo contesté: «Sí».

«¿Y sus ojos? ¿Viste sus ojos?», me preguntó.

«Sí, son como los tuyos».

Cuando estuvimos en la habitación, unas horas después, ya más tranquilos, le pregunté qué había pasado, ¿por qué me hizo todas esas preguntas? ¿Por qué quería que contara sus deditos?

Ella solo lloraba y me decía: «Dios es bueno, Dios es bueno, Él no es como yo».

Nuestras vidas las vivimos tan desviadas del propósito de Dios. El estilo de vida que tuvimos, en ocasiones nos hace pensar que en algún momento Dios se va a cobrar la factura de todo lo que hicimos. Pensamos que tomará venganza de lo que hicimos en el pasado. Cuando van tan bien las cosas, a veces no las disfrutamos porque sentimos que en algún momento inesperado todo va a cambiar.

Pero la cruz es el lugar donde todo fue pagado, no hay más necesidad de cobrar nada. Jesús ya lo pagó todo y, sobre todo, Él no es como nosotros, que guardamos rencor de todo lo que nos hacen para tomar venganza algún día.

III

Esa noche, con Camila en mis brazos, me inundó el amor de Dios y me llenó de asombro. La luna iluminaba la habitación, pero su amor iluminaba mi corazón. Su evangelio tomaba una dimensión aún más grande de la que ya tenía en mi vida.

Una de las cosas más tristes, cuando han pasado años de caminar con Dios, es cuando perdemos el asombro. Cuando Su amor ya no nos llena como antes, ese primer amor de cuando recién lo conocimos. Incluso podemos estar haciendo muchas cosas para Dios, pero sin esa pasión de los primeros años. Pero quizás es momento de ver los detalles, de sorprendernos con lo que tenemos en nuestros brazos, que una pequeña luz de luna entrando en una habitación nos recuerde que Dios está ahí.

En realidad, todo lo que me ha sucedido después de nacer de nuevo, es resultado directo del evangelio. De la cruz. De sus méritos. Que nunca dejemos de sorprendernos, de maravillarnos de Su amor.

IV

Valentina, 2004

Sus ojos eran enormes, y su cabello lacio, era prácticamente lo opuesto a Camila. Era Valentina. Llego dos años después. Cuando la traíamos en su cuna portátil, ella se entretenía con lo que fuera, pero en cuanto aparecía un rostro frente a ella, una sonrisa de oreja a oreja era su reacción inmediata y espontánea.

Si en algún momento dudamos si podíamos amar a otra personita más, se disipó completamente nuestra duda cuando la vimos, cuando la tuvimos en los brazos.

Aún no comenzaba a hablar, no decía una palabra, pero una amiga de algunos años atrás, que es compositora y cantante, se dio cuenta de que Valentina podía cantar. Sí, ella le daba una nota con su voz y se la repetía exactamente igual. Fue muy emocionante ver cómo le cantaba la melodía que le diera, afinando perfectamente.

Ella no comenzó a gatear en el tiempo en que comienzan a gatear los bebés, ni de la manera que lo hacen todos los bebés. Ella hacía solo un pie hacia atrás y avanzaba medio sentada. Ella es diferente.

Cuando comenzó a decir sus primeras palabras, ella no le decía a mi esposa: «mamá». No, un día Valentina se le quedó viendo a los ojos y acariciando el rostro con su manita le dijo: «Nuny».

«¿Nuny?», lo repitió mi esposa con tono de confusión, ella no entendía qué le quería decir.

Pero bajando su mano y tocando el pecho de mi esposa con una seguridad completa le dijo: «¡Tú, Nuny!».

Había inventado una palabra para hacer referencia a su mamá, desde entonces mi Valentina se convirtió en «Nuny Especial». Y es que sí, ella es muy especial, cuando era así de pequeña, yo tenía conversaciones en un idioma que ella y yo inventamos por largas horas. Terminábamos de «hablar» y tan solo nos reíamos a carcajadas.

V

Los domingos teníamos la costumbre de ir a algún restaurante después de la iglesia. Ciudad de México, que es tan caótica en ocasiones, tiene ciertos lugares donde es difícil encontrar estacionamiento cerca del lugar, así que, tienen este Valet Parking, que te recibe y trae tu auto cuando sales del restaurante.

Uno de esos días Valentina estaba a mi lado cuando vio que la camioneta había llegado, en ese tiempo teníamos una Miniván, que tiene puertas que se deslizan. Ella corrió y cuando el joven que nos trajo el auto le abrió la puerta, ella se subió y sin dudarlo le extendió los brazos para despedirse de él. Cuando volteé, la encontré en un abrazo extendido con un chico que habíamos visto ¡por primera vez!

Recuerdo la conversación cuando ya íbamos camino a casa.

«Valentina, no puedes abrazar a cualquier persona», le decíamos, pero ella con esa curiosidad, y al mismo tiempo desafío, nos preguntaba: «¿Por qué no?».

Sentada en su lugar y con el cinturón de seguridad puesto, giraba un poco su cabeza y nos volvía a preguntar: «¿Por qué no?».

«Porque no los conoces, no sabes quiénes son». En esa época ella no paraba de hablar con quien se dejara y terminaba la conversación con un abrazo. Por momentos pensábamos que como veníamos saliendo de Semilla, ella creía que seguíamos en ese ambiente seguro de una comunidad de fe.

Pero ella nos decía: «Pero ahora ya los conozco, les di un abrazo».

Andar con ella por la calle es un desafío constante. Mientras vamos creciendo comenzamos a desconfiar de las personas, levantamos barreras de separación irracionales. Nos sucede algo que nos lastima y mejor damos un paso atrás, pensamos mal y prejuzgamos a las personas y sus intenciones. Pero Dios nos ha llamado a no solo ser benignos sino también a ser bondadosos.

A amar como Él nos ama, pero amar con hechos y en verdad, no solo de palabra y de lengua.

Aun el día de hoy, después de muchos años, siento su mirada cuando vemos a una persona con necesidad, me sigue preguntando sin decir una palabra: «¿No vas a ayudarle? ¿No te vas a acercar a predicarles?».

Para ella un «Dios te bendiga» no es suficiente cuando extiendes la mano para dar una moneda. No, ella quiere involucrarse, conocer y bendecir a la persona que tiene delante.

En este mundo tan desconectado, donde cada vez menos escuchas un «buenos días» al cruzarte con alguien, nosotros como iglesia estamos llamados a preocuparnos como lo hizo José al ver la tristeza en el rostro del copero y del panadero, como lo hizo el samaritano al ver a un hombre desconocido en el suelo y malherido, como lo hizo Jesús teniendo compasión al ver a las multitudes como ovejas sin pastor, desamparadas y agobiadas.

VI

Roberta, 2008

Nada más la vi alejándose de mí, de hecho, ya no la alcanzaba cuando me di cuenta de que no se había despedido de mí. Roberta, con solo diez años, iba caminando al lado del instructor de surf. ¡Surf! Estábamos en Puerto Escondido.

Llamé a mi amigo Ronnie Jones para preguntarle si conocía a algún instructor que pudiera enseñarle a levantarse sobre la tabla, Puerto Escondido es una de las tantas capitales del surf en el mundo. Los surfistas viajan persiguiendo las olas y este es uno de los lugares más concurridos. Olas de más de diez metros son las que los «Big Wave Surfers» dominan en tiempos de competencia.

Conocí a Ronnie en el 2000, recién me había convertido, hicimos un viaje mi esposa y yo, recién casados. Frente al hotel donde nos hospedamos había una cafetería sobre la playa que se llamaba Aroma Divino. Cuando entramos, noté que estaba escrito en diferentes idiomas el versículo de Juan 3:16. Cuando lo vi, le dije a Tere: «el dueño debe ser cristiano».

«¿Por qué?», me preguntó.

«¡Juan 3:16 está escrito en portugués, inglés, alemán, francés y hasta en italiano, mira!».

Así que le preguntamos a la persona que nos estaba atendiendo.

«Sí», nos dijo, «es un misionero de California, tiene además un lugar llamado: El Refugio».

«El Refugio» en ese tiempo era un lugar que hospedaba surfistas de todo el mundo, y Ronnie aprovechaba para predicarles durante su estancia, que nunca se prolongaba más de cuatro o cinco días porque se iban a otro lugar donde hubiera olas. Algunos se quedaron a vivir en este pueblo.

Así que, claro que Ronnie conocía a alguien que le enseñara a Roberta a surfear.

«¡Claro! José puede enseñarle a tu hija, ¿te acuerdas de José?».

Así que, Roberta iba caminando al lado de José que cargaba la tabla sobre su cabeza, se veía muy pequeña a su lado. Pero su cuerpo de gimnasta resaltaba, siempre había sido muy intrépida además de atlética.

Entraron a la orilla de la playa, en una zona no peligrosa, en La Punta, un lugar donde muchos locales llevan a sus hijos para que aprendan. Y después de practicar el equilibrio un par de veces, se la llevó a las olas «grandes». Ella iba acostada boca-bajo sobre la tabla, utilizando sus manos y brazos para avanzar, y José a su lado.

«¿Hasta dónde la va a llevar?», le pregunté a Ronnie que se había quedado a mi lado.

«No sé».

Yo creo que no quería preocuparme, pero claro que sabía. Avanzaron hasta una zona donde yo sabía que yo mismo no tocaba el fondo. Estaban lejos, imposible para mí hacer algo si pasaba algo malo. Tampoco soy un gran nadador. Roberta se veía aún más pequeña sobre la tabla, pero también se veía pequeña por la distancia.

«Fermín, las olas siempre llegan en grupo; llegan tres o cuatro olas seguidas, una tras la otra, luego tienes que esperar un tiempo en que llega otro grupo».

En ese momento volteamos ambos y vimos cómo una gran ola tumbó a Roberta de la tabla, ella salió saltando hacia los aires y no se veía a José en ningún lado. Al pasar la ola, vimos la cabecita de Roberta saliendo del agua, pero en la segunda ola ya estaba encima de ella y se sumergió.

«Ahí debe estar José, no te preocupes», me dijo Ronnie.

«¿Dónde?», dije dentro de mí, y tan solo salió de mi boca un: «OK».

Pasó esa ola y la tabla que estaba amarrada al tobillo de Roberta se agitaba llevada por esta. Y volvió a salir su cabecita y José estaba a su lado y se veía cómo le decía que se sumergiera una vez más, porque la tercera ola sin avisarles y sin esperar llegó hasta donde ellos se encontraban.

«Se va a salir, seguro va a querer salirse». Lo dije en voz alta, mientras caminaba queriendo acercarme, aunque sabía que no lo podía hacer, estaban muy lejos, apenas se distinguían a la distancia.

VII

Al calmarse las olas, vimos cómo Roberta se volvió a acomodar sobre la tabla con la ayuda de José, estaba de nuevo bocabajo mirando hacia el horizonte, cuando de pronto, dobló su rodilla derecha y subió su pie en el aire.

«¿Ves eso? No se va a salir, mira, está cómoda, tiene su pie arriba, no se va a salir», me dijo.

Esa es Roberta, enfrenta las situaciones, las dificultades, ser revolcada por varias olas no la iba a detener, ella fue la que me pidió que la llevara para aprender a surfear. La vi subirse a esa tabla y deslizarse sobre unas cuantas olas mientras me ubicaba en la playa, y me saludaba agitando su mano, estaba feliz.

Cuando ya estás caminando con Cristo, los problemas se acercan como estas olas y golpean y agitan tu vida con fuerza. Tirándote, pero, así como vi a Roberta volver a subirse a la tabla, así nosotros necesitamos sostenernos en Él. Jesús ha prometido estar con nosotros todos los días hasta el fin del mundo. Y Sus promesas son ciertas y se cumplen. No importa cada cuánto lleguen y enfrentes el embate en tu vida de las circunstancias que no puedes controlar. Levántate, súbete, quizás haya un José que te ayude a confiar una vez más.

Pero levanta el pie, disfruta, porque en poco tiempo estarás surfeando los problemas y saludando alrededor, porque sabes que el que te sostiene es el Señor.

VIII

El día de hoy soy esposo, papá y pastor. Estas tres cosas no estaban en mi horizonte cuando comencé a caminar. Había una pasión, y no dudo que ha cambiado.

El micrófono cambió de mano y de mensaje, de fondo y de forma, de objetivo. Pero sigue estando en mi mano. Yo creo que eso es solo por la gracia de Dios que me permite seguir comunicando, hablando, a veces rapeando, enseñando o escribiendo. Pero sigue estando ahí.

No puedo decir que me gusta tenerlo en mi mano, siempre hay temor y nervios cuando uno tiene que hablar o decir algo. Ahora hay una gran responsabilidad, porque sé que no estoy para ventilar mis ideas sino para comunicar un mensaje. Un mensaje que ya está escrito, no uno que tengo que escribir. Solo soy un mensajero el día de hoy. El mesero que lleva la comida a la mesa. El eco que repite lo que Dios ha hablado a través de Su Palabra.

Pero esto lo escribo en el capítulo que trata de mis hijas, porque la audiencia a quien quiero dirigirme se ha reducido. Si hay algo de lo que tengo temor es de decepcionar a aquellos que están a mi lado. Esos que me conocen, que saben quién soy. Mi esposa y mis hijas.

Por quienes quiero caminar siendo honesto. Sé que no soy perfecto y que aún falta mucho que Dios quiere cambiar en mi vida, por eso quiero ser transparente frente a esta pequeña minoría que me acompaña a todos lados y que para mí es la que más cuenta. En una época donde lo que parece tener más peso es lo que la mayoría piensa, yo quiero enfocarme en ellas. Parece que no es mucho, pero en realidad no estoy pensando en el hoy, estoy pensando en el futuro.

Cuando entré a medicina no quería tener contacto con gente, sé que es extraño, pero mientras tuviera menos interacción con las personas, me sentía más cómodo. Así que, cuando pensaba en tener alguna especialización, ser médico forense era la más atractiva. Ahí no tenía que lidiar con conversaciones, solo tenía que analizar, sacar órganos, pesarlos y dar un reporte. Relacionarme con alguien que está muerto no requería nada de mí.

Pero mientras avanzaba en la universidad, fui conociendo más opciones, al llegar a Pediatría pasamos unas semanas en cuidados intensivos, en la zona de neonatos. Los pequeños que al nacer prematuros requieren de apoyo externo para vivir. Eran muy pequeños y solo era mantenerlos con vida. Así que mi decisión se inclinó a la Neonatología, solo tenía que investigar, analizar, observar, pero no interactuar con ellos.

Pasamos algunos meses en el Hospital de Traumatología, ahí llegaban las personas que habían sufrido un accidente, ya sea automovilístico o en su lugar de trabajo. Llegamos a ver casos terribles, pero eso me llamaba mucho la atención. Comenzó en esa época a escucharse de una especialización que no había considerado: Urgenciología. Dar el soporte inmediato, sin demora, al paciente que por su lesión o enfermedad requiere que se le mantenga estable hasta que llegue la atención de otro médico.

Lo sé, no quería tener contacto con gente.

Han pasado los años y lo que más hago el día de hoy es interactuar con personas. Muchos de ellos con una necesidad urgente, quienes, estando muertos espiritualmente, los vemos recibir una nueva vida en Cristo. Sí, recién nacidos que requieren atención y necesitan cuidado.

IX

«Es tuyo, carnal», me dijo, mientras me enviaba el archivo a mi celular desde su computadora.

Le dije: «¿Neta? ¿En serio?».

Mientras giraba su silla y se extendía para estrechar mi mano. «Es un honor, carnal», me dijo.

La base que me acababa de regalar me había hecho mover el cuello inmediatamente, los sonidos, el ritmo, el cambio en el coro, cada parte estaba en su lugar. Había ido a conocerlo a su estudio, es uno de los productores más prolíficos de los últimos años. No somos de la misma generación, hablamos un poco de su paso por las batallas escritas de rap y algunas anécdotas de mis experiencias haciendo rap en los 90.

Se notaba un verdadero respeto y eso me impulsa. Ahora tengo que sacar la libreta, la pluma y trazar con palabras las rimas que transmitan el mensaje que quiero dar el día de hoy.

No, no he perdido mi pasión por la música, tampoco mi amor por el rap. Esto que estás terminando de leer son memorias, pero aún hay más memorias por hacer, micrófonos que empuñar, escenarios que conquistar. Pero no tengo duda de que mi pasión más grande es por Aquel que cambió mi vida y que me da la oportunidad de seguir escribiendo.

Regreso al camino que dejé por la vereda
Quiero enfocarme a ver de frente el problema

Encontré el libro donde vienen todas las repuestas
A mis dudas, a mis preguntas
No tardo en comenzar mi camino hacia la meta
Como soldado no me quedo solo en las trincheras
Quiero ser como el atleta que en primer lugar llega
El sembrador que después recoge la cosecha
Al parecer a simple vista vengo solo
En el Invisible e Inmortal es en quien yo me apoyo
Para tomar el micro y recitar las rimas
Que me van dictando desde arriba

El consejo, Fermín IV, 2002

Regreso a la libreta, le pongo *play* a la base y me pongo a escribir.